PALAVRA PESCANDO NÃO-PALAVRA
a metáfora na interpretação psicanalítica

Dados Internacionais de Catalogação na Publicação (CIP)
(Câmara Brasileira do Livro, SP, Brasil)

Rosenfeld, Helena Kon
Palavra pescando não-palavra : a metáfora na
interpretação psicanalítica / Helena Kon Rosenfeld. --
São Paulo : Casa do Psicólogo. 1998.

Bibliografia.
ISBN 85-7396-034-5

1. Matáfora – Aspectos psicológicos 2. Psicanálise
– Interpretação 3. Psicanálise e arte I. Título.

98-3850   CDD-150.195

Índices para catálogo sistemático:

1. Metáfora : Interpretação psicanalítica :
   Psicologia   150.195

Editor: Anna Elisa de Villemor Amaral Güntert

Editor-assistente: Ruth Kluska Rosa

Revisão: João Vaz

Capa: Yvoty Macambira

Composição Gráfica: Jesilene Fátima Godoy

HELENA KON ROSENFELD

PALAVRA PESCANDO NÃO-PALAVRA
a metáfora na interpretação psicanalítica

Casa do Psicólogo®

© 1998 Casa do Psicólogo® Livraria e Editora Ltda.

Reservados os direitos de publicação em língua portuguesa à
Casa do Psicólogo Livraria e Editora Ltda.
Rua Alves Guimarães, 436 – CEP 05410-000 – São Paulo – SP
Fone: (011) 852-4633   Fax: (011) 3064-5392
E-mail: Casapsi@uol.com.br
http://www.casapsicologo.com.br

É proibida a reprodução total ou parcial desta publicação, para
qualquer finalidade, sem autorização por escrito dos editores.

Impresso no Brasil/*Printed in Brazil*

Sumário

INTRODUÇÃO
A DIMENSÃO POÉTICA DA EXPERIÊNCIA PSICANALÍTICA 13
1. Freud e o poético 16
2. Um pouco de epistemologia 24
3. Os dois eixos deste trabalho 25

CAPÍTULO I
PARTINDO DA EXPERIÊNCIA CLÍNICA 33

CAPÍTULO II
RESSONÂNCIA, RUPTURA E METAFORIZAÇÃO: A INTERPRETAÇÃO PSICANALÍTICA 49
1. A interpretação psicanalítica no pensamento de Freud:
o intérprete-detetive-arqueólogo 50
2. A interpretação psicanalítica como construção criativa 55
3. A interpretação psicanalítica como resposta ao encontro
com uma alteridade 59
4. O encontro com a alteridade: a atitude estética na
interpretação psicanalítica 61
A. Interpretar um paciente é como interpretar uma obra
de arte? 62
B. Interpretando obras de arte: uma atitude singular 67
C. A contratransferência como ressonância 73
5. A interpretação psicanalítica como ruptura 75
6. Configuração, nomeação, metaforização 77

CAPÍTULO III

NA LATA DO POETA CABE O INCABÍVEL: A METÁFORA 85
1. Um pequeno percurso histórico-epistemológico 89
2. A dinâmica da metáfora 93
3. A metáfora poética 112

CAPÍTULO IV

**QUANDO A INTERPRETAÇÃO PSICANALÍTICA É TOCADA
PELA METÁFORA** 119
1. De volta à clínica 120
2. Entremeando os fios: a interpretação e a metáfora 124
3. Conhecimento emocional e experiência estética 131
4. A metaforização psíquica na experiência psicanalítica 137

CONCLUSÃO

TERMINANDO O INTERMINÁVEL 147

REFERÊNCIAS BIBLIOGRÁFICAS 153

Para Vitor, Renato e Flávio,
meus amores

AGRADECIMENTOS

Ao Vitor, companheiro na luz e na escuridão, agradeço por tudo e por tanto

Aos meus filhos, Renato e Flávio, fontes do maior cansaço e do maior descanso, agradeço por existirem

Aos meus pais, Zeca e Anita, sempre presentes ao meu lado, agradeço profundamente por terem me introduzido desde muito cedo no mundo das artes

Aos meus irmãos Rubens, Nelson e Fábio, cúmplices de tantas histórias de vida

A meus amigos, Mauro Meiches, Belinda Haber Mandelbaum e Marianne Schontag, que acompanharam de perto, com afeto e muita disponibilidade, as dores e alegrias que este trabalho me trouxe

A minha grande família e a meus amigos de todos os cantos e épocas, agradeço pela torcida

A Luis Tenório de Oliveira Lima, junto de quem pude finalmente nomear tantas vivências que estavam mudas, agradeço por tudo

A Renato Mezan, orientador muito querido, que tem me ensinado a pensar desde muito antes de a psicanálise entrar em nossas vidas

A Luis Cláudio Figueiredo, professor e amigo de longa data, membro da banca examinadora de minha dissertação de mestrado, agradeço pela generosidade que sempre teve em relação a este trabalho

A Maria Helena Fontes, que participou deste trabalho supervisionando com grande sensibilidade muitas das situações clínicas aqui relatadas

A Luiz Meyer, que reencontrei na banca examinadora com o mesmo humor e inteligência de sempre

A Janete Frochtengarten, pelo interesse e pelo afeto, pelas palavras ditas e escritas

A Jacó Guinsburg, pelo incentivo tão importante para mim

Aos professores e colegas do Instituto de Psicologia da USP, do Departamento de Psicanálise do Instituto Sedes Sapientiae e do Programa de Pós-Graduação em Psicologia Clínica da PUC-SP

Aos meus analisandos, que me obrigam a continuar sempre

Ao CNPQ, pela bolsa de estudos a mim concedida

"*Não entendo.* Isso é tão vasto que ultrapassa qualquer entender. Entender é sempre limitado. Mas não entender pode não ter fronteiras. Sinto que sou muito mais completa quando não entendo. Não entender, do modo como falo, é um dom. Não entender, mas não como um simples de espírito. O bom é ser inteligente e não entender. É uma bênção estranha, como ter loucura sem ser doida. É um desinteresse manso, é uma doçura de burrice. Só que de vez em quando vem a inquietação: quero entender um pouco. Não demais: mas pelo menos entender que não entendo."[1]

CLARICE LISPECTOR

---

1 Lispector, C. – "Não entender", in *A descoberta do mundo*, Rio de Janeiro, Nova Fronteira, 1984.

INTRODUÇÃO
A DIMENSÃO POÉTICA DA EXPERIÊNCIA PSICANALÍTICA

Quando se pensa nas relações entre psicanálise e arte, geralmente o que se faz é usar a primeira para interpretar a segunda, ou usar obras de arte para elucidar conceitos psicanalíticos. A própria obra de Freud está repleta de estudos sobre diferentes manifestações artísticas. Sua intenção com tais estudos era não apenas contribuir para a compreensão da arte, de modo a ampliar a esfera de alcance da psicanálise, mas também ilustrar, comprovar e divulgar suas próprias teorias psicanalíticas usando um material extraclínico e de fácil acesso para o grande público. Ora ele se debruçou sobre textos literários, ora sobre quadros e esculturas. Interpretou as obras propriamente ditas, os personagens, os autores e as reações do público; fez reflexões sobre a criação artística, sobre os processos psíquicos do artista e sobre os procedimentos que o autor de ficção (*Dichter*) usa para provocar determinados efeitos no leitor; refletiu sobre o que é o belo e sobre a função da arte na sociedade. Desenvolveu, ainda, o importante conceito de sublimação, que explica como as pulsões são dessexualizadas, transformando-se no motor das atividades artísticas e intelectuais. Suas incursões pelo terreno da arte são originalíssimas, embora nelas idéias interessantes se misturem com outras reducionistas e ultrapassadas.

Numa dissertação de mestrado defendida recentemente[2], Inês Loureiro mostra que Freud elaborou uma teoria estética completa,

---

2 Loureiro, I. – *A arte no pensamento de Freud: uma tentativa de sistematização da estética freudiana*, dissertação de mestrado em Psicologia Clínica, PUC-SP, 1994.

com todos os elementos que uma teoria nessa área deve ter: reflexões sobre a obra de arte enquanto produto artístico, sobre o artista, sobre o universo (assunto-tema da obra) e sobre a audiência. Ela mostra também como as concepções de Freud se alinham entre as teorias estéticas que encaram a arte fundamentalmente como expressão da subjetividade e que privilegiam o conteúdo em detrimento da forma[3]. Tais teorias, muito difundidas no século XIX, têm sido criticadas pelas teorias mais contemporâneas. Por outro lado, sua idéia de inconsciente provocou uma reviravolta nas teorias sobre arte, e mesmo a idéia de um sujeito cindido subverte a noção tradicional de arte como expressão, na medida em que agora se trata da expressão do inconsciente e não mais da mera expressão lírica de sentimentos.

De qualquer forma, os estudos de Freud deram origem a outros estudos, e há inúmeros trabalhos contemporâneos que abordam obras de arte a partir da psicanálise, seja seguindo os procedimentos de Freud, seja tentando superar suas falhas.

Neste trabalho, gostaria de pensar a relação da psicanálise com a arte de um outro ponto de vista. Trata-se de fazer o caminho inverso, ou seja, usar a arte, mais especificamente a teoria sobre a arte – a estética –, para pensar algumas facetas do trabalho psicanalítico. Ao invés de olhar para obras de arte a partir do referencial psicanalítico, olhar para a psicanálise a partir da estética[4].

---

3   Não podemos esquecer, no entanto, que em diversos momentos de sua obra, como na *Psicopatologia da Vida Cotidiana*, Freud dá muita importância à forma, ao significante, estando em sintonia – talvez sem querer – com teorias mais recentes sobre a arte .

4   Entre inúmeros trabalhos que navegam por esse mesmo rio, gostaria de mencionar o de Isaias Melsohn ("Notas críticas sobre o inconsciente. Sentido e significação. A função expressiva e a constituição do sentido", *Revista Ide*, nº 21, São Paulo, 1991),

A dimensão poética da experiência psicanalítica 15

A proposta de aproximar dois planos tão diferentes é temerária e pode operar uma grande redução no alcance, na especificidade e na originalidade de cada um deles. Trata-se, antes, de sugerir um encontro, um diálogo, uma interlocução. Fábio Herrmann, falando sobre a interpretação que vincula elementos de planos diferentes, afirma algo que pode ser útil aqui: "É preciso evitar a interpretação que iguala os dois níveis separados, que os torna automaticamente equivalentes. A interpretação viva mantém a tensão dos planos a que se dirige... Os dois planos ficam lado a lado, atraem-se fortemente, a ponto de partes de um serem tragadas pelo outro e de pontes de sentido cobrirem a distância que os separa; mas sua distinção não se pode perder... Já a interpretação automática produz absorção: uma ordem de significação encontra na outra seu sentido explicativo, e aquela se torna pouco mais do que um reflexo desta"[5]. Assim, já convém adiantar que vou procurar escapar de aproximações redutoras que façam da psicanálise uma arte ou do psicanalista um poeta. Minha idéia, como procurarei desenvolver ao longo do trabalho, é que a experiência psicanalítica e a experiência estética e poética têm profundas afinidades e podem se encontrar em muitos momentos, embora sejam experiências distintas.

---

o de Miriam Chnaiderman (*O hiato convexo – literatura e psicanálise*, São Paulo, Brasiliense, 1989), o de Adélia Bezerra de Meneses (*Do poder da palavra – ensaios de literatura e psicanálise*, São Paulo, Duas Cidades, 1995), o de Noemi Moritz Kon (*Freud e seu duplo: reflexões entre psicanálise e arte*, São Paulo, Edusp/Fapesp, 1996) e o de Eliane Fonseca (*A palavra in-sensata. Poesia e psicanálise*, São Paulo, Escuta, 1993).

5 Herrmann, F. – *O divã a passeio*, São Paulo, Brasiliense, 1992, p. 34-35.

1. Freud e o poético

O próprio Freud já pensava na relação entre o psicanalista e o poeta. Tinha uma relação muito particular com os poetas ("profundos conhecedores da alma humana"), uma mescla de admiração e inveja, por eles terem acesso intuitivo aos processos psíquicos, acesso menos laborioso do que o obtido através do método psicanalítico – pelo menos era assim que ele pensava. Não deixou de chamar os artistas de mentirosos e sedutores, além de próximos aos loucos. Por outro lado, seu respeito pelos poetas fica bem marcado numa passagem como a que se segue, na qual ele inclusive dá um tom poético à sua escrita ao parafrasear Shakespeare: "Os poetas são aliados valiosíssimos... pois podem conhecer muitas coisas existentes entre o céu e a terra com que nem sequer sonha nossa filosofia. Na psicologia, sobretudo, estão muito acima de nós homens vulgares, pois bebem em fontes que ainda não conseguimos tornar acessíveis para a ciência"[6]. Aqui os poetas são aliados e possuem um dom especial para conhecer, mas estão num campo diferente que o da ciência.

Numa outra passagem significativa, Freud faz questão de, mais uma vez, marcar nitidamente a diferença entre ambos: "... tanto ele (o poeta) como nós, trabalhamos com um mesmo material, ainda que empregando métodos diferentes, e a coincidência entre os resultados é a prova de que os dois trabalhamos com acerto. Nosso procedimento consiste na observação consciente dos processos psíquicos anormais dos outros, com o objetivo de adivinhar e expor as regras a que eles

---

6   Freud, S. – *O delírio e os sonhos na 'Gradiva'*, de W. Jensen (1906), in Obras Completas de Sigmund Freud, Madri, Biblioteca Nueva, 1973, tomo II, p. 1286.

A *dimensão poética da experiência psicanalítica* 17

obedecem. O poeta procede de maneira muito diferente; dirige sua atenção ao inconsciente de seu próprio psiquismo, espia as possibilidades de desenvolvimento de tais elementos e lhes permite chegar à expressão estética em vez de reprimi-los através da crítica consciente. Desse modo, descobre em si mesmo o que nós aprendemos nos outros; isto é, as leis a que a atividade do inconsciente tem que obedecer; mas não necessita expor tais leis, nem sequer dar-se perfeita conta delas, pois que pelo efeito da tolerância de seu pensamento as mesmas passam a fazer parte de sua criação estética"[7]. Os métodos são distintos – e em outra passagem Freud marca a diferença em termos de intuição ou sensibilidade (poeta) versus investigação (analista) – mas ambos podem adquirir conhecimento, e conhecimento sobre o mesmo "objeto": os processos psíquicos. Não deixa de chamar atenção aqui o fato de Freud marcar a diferença dizendo que o analista obtém conhecimento a partir da observação não de si mesmo, como o poeta, mas observação do outro. Como sabemos, as coisas não se passam assim, o contato e a observação da própria vida psíquica são fundamentais na prática clínica e teórica do analista – e Freud sabia disso – e essa diferenciação não se sustenta. Mas alguma diferença deveria haver.

A necessidade de distinguir o trabalho do poeta e do psicanalista vinha da pretensão de Freud de construir uma disciplina científica, e a aproximação com o poeta seria perigosa. No entanto, em diversos momentos de sua obra, ele fez aproximações. Já nos "Estudos sobre a Histeria", equiparou a psicanálise aos processos de compreensão de que fazem uso os poetas. Em seu trabalho sobre a Gradiva, o mesmo em que ele faz as diferenciações já mencionadas, apresenta afirmações do tipo: "A ciência e a maioria dos homens cultos sorriem quando se

---

7 *Idem*, p. 1335.

lhes fala de uma interpretação onírica. Só a supersticiosa classe popular, que nessa questão parece constituir-se em depositária de antigas crenças, permanece fiel à idéia de uma possível interpretação dos sonhos, e o autor dessas linhas ousou, em uma de suas obras, colocar-se contra os severos princípios científicos e ao lado da superstição e das antigas opiniões... Nessa discussão sobre a natureza do sonho parece que os poetas se situam ao lado dos antigos, da superstição popular e do autor dessas linhas e da Interpretação dos Sonhos..."[8]. Ou então, na mesma obra, uma ousadia maior ainda: "Tudo isso nos mostra que o poeta não pode deixar de ser algo psiquiatra, assim como o psiquiatra algo poeta, e que se pode tratar poeticamente um tema de psiquiatria, tendo a obra resultante um pleno valor estético e literário"[9]. Num texto não oficial, ou seja, numa carta pessoal enviada ao escritor Schnitzler em maio de 1922, Freud "confessa" que o considera como sendo seu duplo, também marcando suas afinidades com o poeta.

Renato Mezan, ao se deter nessa relação ambígua de Freud com os poetas, e nessa sua insistência em marcar as diferenças, insistência que muitas vezes o leva, como vimos, a usar argumentos insustentáveis, mostra que, na verdade, se trata de um movimento defensivo: "Trata-se de se defender de uma ameaça interna, a de se deixar fascinar pelos aspectos não-científicos de sua descoberta e executar obra de literato em vez de instituir-se em operário do saber. O artista faz aquilo que Freud não pode admitir, mas que aparece insistentemente como um risco interno à sua atividade de psicanalista: criar. Motivo pelo qual suas relações com o artista serão marcadas por dois movimentos antagônicos de atração e de resistência, como se o artista reenviasse ao

---

8   *Idem*, p. 1285-1286.
9   *Idem*, p. 1307.

A dimensão poética da experiência psicanalítica   19

psicanalista a imagem de um aspecto de sua prática particularmente ambíguo"[10]. O movimento defensivo volta a aparecer quando se pensa em certos modos pelos quais Freud encarava o artista: é parente do louco, está imerso na fantasia, é cúmplice do imaginário e criador de ilusões. A esse respeito, Mezan comenta: "Na figura do artista, assim como na do filósofo, é projetada uma parte da atividade psicanalítica cuja denúncia veemente não é mais do que a outra face de um surdo reconhecimento, o reconhecimento de sua profunda cumplicidade com o imaginário, com o fantasma, com o reino soturno das formas sem figura nem fundo, e que a versão cirúrgica, asséptica e penetrante promovida por Freud tem por função denegar e encobrir"[11]. Ou seja, as afinidades de Freud com o poeta, as afinidades que ele nega, seriam bem mais profundas e estruturais do que as afinidades que ele por vezes admite ao dizer que poeta e psicanalista são ambos exploradores das profundezas psicológicas.

Parece claro que as idéias que Freud tinha sobre a arte e os artistas caminhavam *pari passu* com suas idéias sobre a ciência e os cientistas. E são idéias, é preciso notar, filhas do século XIX. Sua estética, como já vimos, é aquela que considera a arte como expressão da subjetividade e que privilegia o conteúdo em detrimento da forma. Sua concepção de artista também vai nessa linha, e Inês Loureiro, na dissertação de mestrado já mencionada, mostra como a idéia do artista como alguém especial, misterioso, privilegiado em termos de acesso ao saber, intuitivo e inspirado ao extremo, aproxima-se da noção romântica de "gênio" tão em voga nessa época. Por outro lado, também a idéia de ciência adotada por Freud é datada. Trata-se da ciência positivista, e é a ela

---

10 Mezan, R. − *Freud, pensador da cultura*, São Paulo, Brasiliense, 1985, p. 608.
11 *Idem*, p. 611.

que ele quer pertencer. Se se quiser fazer uma discussão sobre a cientificidade da psicanálise, será preciso buscar as idéias mais contemporâneas do que seja ciência. Neste meu trabalho, não pretendo definir um estatuto epistemológico para a psicanálise, mas apenas pensar numa possível dimensão poética dela – e é por isso que vou estudar outras teorias estéticas, já que as de Freud são ultrapassadas em muitos aspectos. Voltarei a isso mais à frente. Por ora, vou prosseguir um pouco mais com Freud.

O próprio estilo de escrita de Freud é uma mistura de tom científico e tom literário – e aqui se vê novamente o conflito entre ciência e arte. Seus textos têm um estilo particular, são construídos com muito talento e inteligência; são diferentes dos escritos em outras áreas de conhecimento, e não foi à toa que o único prêmio que recebeu em vida foi o Prêmio Goethe, em 1930, por seu trabalho como cientista e escritor[12]. Patrick Mahony[13] afirma que em Freud o pensador está indissociado do escritor: ele pensa através e na língua. Ama, trabalha e brinca com a palavra. Nos textos aparece aquilo que Mahony chama de "pensamento pensante": as idéias vão sendo descobertas e pensadas à medida que são escritas; o diálogo direto com o leitor está presente o tempo todo e, dentre outras artimanhas usadas para seduzi-lo, Freud usa a narrativa e o suspense semelhante ao das histórias policiais. Ele não gostava de definições rígidas e constritivas; tinha alta tolerância para a inconsistência e a incerteza. Muitos de seus enunciados são

---

12 Sobre esse assunto, escrevi um texto que inclusive foi a origem da idéia deste trabalho: "O estilo do escritor Sigmund Freud: um passeio por Totem e Tabu", *Percurso – Revista de Psicanálise*, nº 4, São Paulo, 1990.
13 Mahony, P. J. – *Freud as a writer*, New Haven, Yale University Press, 1987. Mahony, P. J. – *On defining Freud's discourse*, New Haven, Yale University Press, 1989.

A dimensão poética da experiência psicanalítica

21

intencionalmente alusivos e ambíguos, além de estarem numa linguagem simples e com palavras do dia-a-dia, características que se perderam, segundo Marilene Carone[14], nas traduções que tentaram mostrar a psicanálise como uma ciência a mais exata possível. Paulo César Souza[15] observa que a língua alemã permite que se criem palavras novas através de justaposições e que Freud tinha um talento especial para isso: suas criações são poéticas, precisas e de extremo bom gosto. Ao lado de provérbios e citações literárias (Goethe, Shakespeare e outros), há uma quantidade enorme de metáforas, analogias e modelos para ilustrar seu pensamento. Suas imagens são trazidas da física, química, pintura, religião, medicina, política, história, culinária, arqueologia e direito, dentre outras. São recursos usados para elucidar suas teorias e que têm o efeito de estimular a imaginação do leitor e oferecer uma compreensão subjetiva da experiência.

O importante a notar para meu propósito é que essa linguagem figurada é usada não apenas para tornar a exposição mais bela e atraente. Na verdade, muitas vezes é a única linguagem possível quando se trata de descrever processos psíquicos, nem sempre acessíveis para a linguagem científica. Peter Gay diz: "Como seus materiais são íntimos, ocultos, difíceis de definir e impossíveis de quantificar, a psicanálise precisa de analogias, de imagens mentais. Podem ser inexatas, mas são indispensáveis"[16]. Em outras palavras, o estilo de escrita de Freud é necessariamente poético; certas facetas da psicanálise só podem ser

---

14 Carone, M. – "A edição brasileira de Freud", in Souza, P.C. (org.) – *Sigmund Freud e o gabinete do Dr. Lacan*, São Paulo, Brasiliense, 1989.
15 Souza, P.C. – "Freud como escritor", *Folha de S.Paulo*, suplemento Letras, 23/9/1989.
16 Gay, P. – "Sigmund Freud: um alemão e seus dissabores", in Souza, P.C. (org,) – *op. cit.*, p. 28.

expostas em toda sua riqueza e especificidade através de um estilo assim, em que os recursos poéticos, metafóricos, ocupam um lugar central.

O próprio Freud, já nos "Estudos sobre a Histeria", dizia que não conseguia escapar do poético: "Nem sempre fui exclusivamente psicoterapeuta. Pelo contrário, a princípio pratiquei, como outros neurólogos, o diagnóstico local e as reações elétricas, e a mim mesmo causa singular impressão comprovar que minhas histórias clínicas carecem do severo selo científico e apresentam mais um caráter literário. *Mas consolo-me pensando que esse resultado depende por completo da natureza do objeto e não de minhas preferências pessoais.* O diagnóstico local e as reações elétricas carecem de toda eficácia na histeria, enquanto uma detalhada exposição dos processos psíquicos, tal qual estamos habituados a encontrar na literatura, me permite chegar, por meio de algumas fórmulas psicológicas, a certo conhecimento da origem de uma histeria"[17]. Como já vimos, Freud insistia em negar o poético para se inserir na ciência positivista. O caráter literário de seus escritos era algo inevitável e ele precisava resignar-se e consolar-se, mas nunca admitir e aceitar com tranqüilidade. Nós, depois de cerca de cem anos, anos em que tanto a ciência como a arte mudaram bastante, podemos nos posicionar de outra forma em relação a esse inescapável caráter literário. Freud nos dá a pista ao dizer que tudo depende da natureza do objeto. Também para ele, o estilo de escrita da psicanálise é necessariamente poético. Esse estilo não está presente pela vontade do escritor, e muito menos por ser mais belo. A psicanálise pede e exige o poético. E é nesse sentido que penso que nossa atitude diante disso pode ser diferente da de Freud, levando em conta os já mencionados

---

17 Freud, S. – *Estudos sobre a histeria* (1895), in Obras Completas de Sigmund Freud, *op. cit.*, tomo I, p. 124. Os grifos são meus.

A dimensão poética da experiência psicanalítica   23

cem anos. Penso que hoje podemos aceitar e receber não resignadamente, mas sim com tranqüilidade e segurança, essa exigência de um estilo poético. Não precisamos mais lutar desesperadamente para sermos considerados cientistas, e não precisamos fugir da arte como ilusória. O presente trabalho pretende caminhar nesta direção: circunscrever e legitimar a dimensão poética da psicanálise, e tirar proveito dela na prática clínica.

A idéia que pretendo desenvolver neste trabalho é que a *experiência psicanalítica*, e não só a escrita da psicanálise, tem uma dimensão poética intrínseca. Só o elemento poético dá conta de certos aspectos essenciais do trabalho analítico.

No entanto, para se pensar a dimensão poética da psicanálise, é preciso ir além da relação de Freud com os poetas e de seu estilo literário de escrita. Esses aspectos talvez não sejam os decisivos para pensar a poeticidade da psicanálise. Por outro lado, não podemos abandonar essas duas considerações, a de Peter Gay e a de Freud, que falam da necessidade do poético pelo fato de a psicanálise lidar com um "objeto" de natureza específica, com materiais "íntimos, ocultos, difíceis de definir e impossíveis de quantificar". O psicanalista não precisa apenas escrever sobre esse objeto, mas precisa principalmente lidar com ele na prática clínica. E aí uma ponte pode se construir: se esse objeto especial exige o poético para ser descrito num texto, também deveria exigir o poético para ser atingido na clínica. Pretendo defender tal hipótese, e para isso será preciso determinar que objeto tão singular é esse – porque muitas vezes ele só pode ser atingido pelo poético – e de que se trata quando pensamos num poético não mais como um estilo de escrita, mas como uma dimensão presente na prática clínica.

2. Um pouco de epistemologia

Antes de prosseguir e entrar mais fundo na dimensão poética, que é o propósito deste trabalho, é necessário fazer algumas considerações sobre a questão da cientificidade da psicanálise, que, embora não seja meu tema principal, é uma questão cuja discussão está implícita e pressuposta. Como já dissemos, Freud pretendia fazer ciência e uma ciência bem determinada. O positivismo em voga na sua época valorizava o conhecimento obtido através da razão em detrimento de outros meios não-científicos (emoção, intuição, sensibilidade, imaginação etc.); buscava a máxima distância entre sujeito e objeto como forma de garantir a objetividade e se defender do perigo representado pela subjetividade do cientista; pretendia chegar a conhecimentos válidos universalmente ao desqualificar as singularidades; e trabalhava com a noção de verdade como correspondência ao real. Freud queria tudo isso, mas na verdade se afastou dessas propostas ao trabalhar com a dimensão do imaginário e da fantasia, ao incluir a interioridade e a participação do analista, ao valorizar e estudar as experiências singulares, e ao questionar as noções de verdade e de realidade inequívocas, dentre outras heresias não-científicas que ele cometeu.

Por outro lado, como já apontei, a epistemologia foi se transformando e o positivismo foi sendo duramente criticado. Como mostra Luis Cláudio Figueiredo, a psicanálise foi inclusive uma das responsáveis pela revisão do projeto positivista ao mostrar um sujeito cindido, sem consciência e vontade soberanas. Ao falar das psicologias, mas evidenciando particularmente a psicanálise, ele escreve: "As psicologias, naturalizando, historicizando e singularizando o sujeito, concebendo-o como um ser biológico inscrito na natureza, e como um ser cultural e psicológico, acumulavam elementos contrários à

A dimensão poética da experiência psicanalítica

crença na universalidade e na objetividade da Ciência, na neutralidade e na universalidade da razão ... A Ciência perde a sua posição superior, a sua autonomia, a sua 'racionalidade' ... Já não faz mais sentido esperar da Ciência uma unanimidade e uma salvação em termos da reordenação consensual do mundo. Na verdade, já não faz mais sentido falar em ciência com 'C' maiúsculo"[18].

Fica claro, então, como a discussão sobre a cientificidade ou não da psicanálise é uma discussão de certa forma ultrapassada. Não precisamos mais fazer como Freud e tentar encaixá-la à força no rol de uma ciência que nem é mais definida como era no século XIX e nem é mais tão valorizada como única fonte de conhecimentos legítimos. A psicanálise não é uma ciência, como também não é uma arte. É um "saber"[19], um saber e uma prática singular, e é nesse âmbito que a pergunta sobre uma dimensão poética se coloca – o que não elimina a possibilidade de se pensar também numa dimensão científica, mas agora com base em uma epistemologia mais contemporânea[20].

3. Os dois eixos deste trabalho

Quando falamos em aproximar os campos da psicanálise e da arte, estamos entrando num mundo vastíssimo, infinito. Para podermos

---

18 Figueiredo, L.C. – "Psicologia e cientificidade – para uma política do rigor", *Jornal do Conselho Federal de Psicologia*, nº 38, 1995, p. 6.

19 Monzani, L.R. – "Proposições para uma epistemologia da psicanálise", *Revista Ide*, nº 14, São Paulo, 1987, p. 25.

20 Na verdade, a questão da cientificidade da psicanálise, longe de ser ultrapassada, é altamente polêmica e espinhosa. Inúmeros trabalhos sobre ela continuam a ser produzidos, e as afirmações que fiz mereceriam um aprofundamento maior. No entanto, penso que posso deixar a questão em aberto neste trabalho, sem que isso altere minhas conclusões sobre a dimensão poética da experiência psicanalítica.

Palavra Pescando Não-palavra

nos movimentar com um mínimo de segurança, será preciso circunscrever os espaços, escolher alguns caminhos e deixar de lado a ambição de percorrer tudo. O quê da psicanálise? O quê da arte? Os eixos que acabei escolhendo – na verdade eles me escolheram – impuseram-se a mim, foram se destacando dos outros ao longo tempo. Outros eixos poderiam ser escolhidos e levariam certamente a reflexões e aproximações interessantes.

Estes são os meus: a *metáfora* e a *interpretação*. Tanto um como outro pertencem aos dois campos e, portanto, podem ser usados como pontes que podemos atravessar para ir de um a outro.

A metáfora, figura de linguagem tão especial, aparece tanto em obras de poesia e literatura como na fala dos analistas e dos analisandos na situação analítica. A interpretação, por sua vez, aparece tanto na psicanálise – a interpretação psicanalítica – como na arte, já que esta é interpretável. Do jogo entre esses eixos e pontes, e do debruçar-se principalmente sobre a metáfora tal qual aparece na interpretação psicanalítica, podem sair idéias proveitosas para uma reflexão sobre a dimensão poética da experiência psicanalítica.

O que é uma metáfora? O que é uma metáfora poética? Como podemos conceber o poético num sentido que vá além das noções de senso comum que falam de belo, enlevado, sublime ou rimado? Em que medida a metáfora poética pode iluminar algo que se dá na experiência psicanalítica? Minha incursão pela arte, portanto, se dará pelo caminho da metáfora.

O que é a interpretação psicanalítica? Como ela opera e em que ela se diferencia de outras intervenções do analista? Será que a interpretação, enquanto fala do analista, tem alguma afinidade com a fala poética? Minha incursão pela psicanálise se dará pela via da interpretação.

A experiência psicanalítica evidentemente não se reduz à interpretação, e a dimensão poética talvez não esteja só na interpretação,

A dimensão poética da experiência psicanalítica   27

e sim no encontro analítico, na experiência como um todo. Isso significa dizer que também a fala do analisando, ou o seu silêncio, pode conter uma dimensão poética. Mas vou tomar a interpretação como eixo, por duas razões principais. Em primeiro lugar, porque é um componente fundamental da experiência clínica e vai me permitir circunscrever o campo, ainda que num segundo momento eu possa estender minhas conclusões para outros aspectos da psicanálise. Em segundo lugar, porque o conceito de interpretação permite que se construa uma das muitas pontes possíveis entre a psicanálise e a arte, na medida em que também na arte existe o momento da interpretação.

As obras de arte são interpretáveis e, de fato, há inúmeras teorias sobre a interpretação da obra de arte, entre elas as teorias que propõem uma interpretação psicanalítica. Assim Alfredo Bosi, crítico literário, inicia um texto sobre a interpretação da obra literária: "Se os sinais gráficos que desenham a superfície do texto literário fossem transparentes, se o olho que neles batesse visse de chofre o sentido ali presente, então não haveria forma simbólica, nem se faria necessário esse trabalho tenaz que se chama *interpretação*"[21]. A interpretação, a busca do sentido, é uma necessidade para quem se aproxima de uma obra, ainda mais que a obra de arte se caracteriza pela polissemia, pela multiplicidade e inesgotabilidade de sentidos. O mesmo se dá quando um analista se aproxima de um paciente: a mesma necessidade de buscar o sentido daquilo que se apresenta de modo tão opaco e ao mesmo tempo tão desafiador e intrigante. O filósofo José Américo Motta Pessanha, ao falar da afinidade, "ou quase cumplicidade", inerente às posturas da psicanálise e da teoria literária enquanto "empreendimentos

---

21 Bosi, A. – "A interpretação da obra literária", in *Céu, inferno. Ensaios de crítica literária e ideológica*, São Paulo, Ática, 1988, p. 274.

28   *Palavra Pescando Não-palavra*

interpretativos de textos, contextos, intertextos, subtextos", diz que: "Psicanálise e literatura são, portanto, florações diferentes a emergir do solo comum da linguagem natural, feita não de signos convencionais e abstratos – garantia de univocidade –, como na lógica matemática, mas, ao contrário, constituída por signos que possuem história e emergem do remotíssimo passado, guardando vestígios de mitos arcaicos, ressonâncias de hinos a deuses antigos, ecos de espantos primitivos ou de descobertas aterradoras, crenças, temores, emoções, alumbramentos, diante da vida ou da morte, do prazer ou da dor, do conhecido e do desconhecido. Linguagem que tem raízes múltiplas, alimentadas pelo húmus da equivocidade"[22].

Freud foi o primeiro a interpretar a arte psicanaliticamente, o primeiro dentre inúmeros que se seguiram a ele e que até hoje trabalham nesse sentido, produzindo algumas interpretações realmente interessantes. Mas não será por aí que vou caminhar. Em vez de pensar na interpretação psicanalítica da arte, vou pensar nas possíveis afinidades entre a teoria não psicanalítica sobre a interpretação da arte e a interpretação psicanalítica tal qual se dá na clínica.

Gostaria ainda de tecer algumas considerações sobre esse "objeto" especial a que se referiu Freud e que tem uma natureza tal que o obrigou a usar uma linguagem literária, diferente da linguagem científica que ele certamente preferiria usar. O que será que a linguagem poética pode alcançar que a linguagem científica não pode?

Num estudo sobre Nietzsche, Alfredo Naffah mostra que, para o filósofo, a linguagem conceitual (científica) e popular é um instrumento de comunicação útil para fins práticos, mas incompetente

---

22 Pessanha, J.A.M. – "A vermelha flor azul", prefácio do livro de Hórus Vital Brazil *Dois ensaios entre psicanálise e literatura*, Rio de Janeiro, Imago, 1992, p. 10-11.

A dimensão poética da experiência psicanalítica 29

para exprimir as *experiências fundamentais*. E citando Nietzsche: "Nossas experiências verdadeiramente fundamentais não são, de forma alguma, tagarelas. Elas não saberiam se comunicar, mesmo que quisessem. É que lhes falta a palavra. Aquilo para que encontramos palavras, já ultrapassamos"[23]. As experiências mais singulares seriam mudas, estão no domínio do *indizível*. Merleau-Ponty, por sua vez, fala no uso criativo da linguagem, que diferencia a "linguagem autêntica" da "linguagem empírica": "O que é palavra no sentido da linguagem empírica, isto é, a oportuna chamada de um signo preestabelecida, não é para a linguagem autêntica. É, como disse Mallarmé, a moeda gasta que se passa em silêncio de mão em mão. Inversamente, a verdadeira palavra, aquela que significa ... e libera o sentido cativo na coisa, não é, aos olhos do uso empírico, senão silêncio, visto que não vai até o nome comum. A linguagem é por si mesma oblíqua e autônoma e, se lhe ocorre significar diretamente um pensamento ou uma coisa, trata-se apenas de uma capacidade secundária, derivada de sua vida interior. De fato, o escritor, como o tecelão, trabalha às avessas: trabalha unicamente com a linguagem e em sua trilha vê-se de repente rodeado de sentido"[24]. Só a linguagem criativa, autêntica, poética, pode fazer emergir algo singular, que podemos chamar de "sentido cativo na coisa" ou de indizível, ou de silêncio, algo que a linguagem científica ou popular não alcança. Só a fala poética tangencia o indizível, só a arte dá acesso a ele.

No trabalho clínico, deparamo-nos a todo momento com "coisas" difíceis de apreender, impossíveis de representar, indizíveis.

---

23 Nietzsche, F. – "Crépuscule des idoles", citado por Naffah, A. – *O inconsciente como potência subversiva*, São Paulo, Escuta, 1991, p. 23-24.
24 Merleau-Ponty, M. – "A linguagem indireta e as vozes do silêncio", citado por Naffah, A. – *op. cit.*, p. 40-41.

Clarice Lispector, embora evidentemente não esteja falando da experiência clínica, aproxima-se de algo que nos é familiar: "Eu tenho à medida que designo – e esse é o esplendor de se ter uma linguagem. Mas eu tenho muito mais à medida que não consigo designar. A realidade é a matéria-prima, a linguagem é o modo como vou buscá-la – e não como acho. Mas é do buscar e não do achar que nasce o que eu não conhecia, e que instantaneamente reconheço. A linguagem é o meu esforço humano. Por destino tenho que ir buscar e por destino volto com as mãos vazias. Mas – volto com o indizível. O indizível só me poderá ser dado através do fracasso de minha linguagem. Só quando falha a construção é que obtenho o que ela conseguiu"[25].

Com este trabalho, espero mostrar que a arte, a linguagem poética e metafórica, é um dos meios pelos quais podemos tangenciar o indizível, roçar o não-representável, isso que escapa da designação, essa realidade que a linguagem busca e não acha.

O primeiro capítulo é essencialmente clínico. É da experiência clínica que as questões surgem e é para ela que as respostas devem se voltar. Na medida do possível, vou procurar inserir vinhetas clínicas também nos demais capítulos, de modo a tentar manter a – por vezes tão difícil – integração entre o que pensamos e o que fazemos quando estamos junto do analisando.

No segundo capítulo, tratarei da interpretação psicanalítica, das diferentes maneiras de concebê-la, tanto em Freud como em outros autores. Falarei também da contratransferência e do que chamei de *atitude estética* na interpretação psicanalítica, que é o ponto onde esta se encontra com a interpretação das obras de arte.

---

25 Lispector, C. – "A paixão segundo G. H.", citada por Waldman, B. – *Clarice Lispector: a paixão segundo C. L.*, São Paulo, Escuta, 1992, p. 100-101.

A dimensão poética da experiência psicanalítica 31

O terceiro capítulo será dedicado à metáfora: o que é, como opera e quais as especificidades da metáfora poética em relação às metáforas usadas na fala cotidiana, científica ou filosófica. No quarto capítulo, abordarei o que se passa quando a metáfora aparece na interpretação psicanalítica, e discutirei as noções de *conhecimento emocional, experiência poética* e *metaforização psíquica.* Uma pequena conclusão terminará o interminável.

CAPÍTULO I
PARTINDO DA EXPERIÊNCIA CLÍNICA

> "Trata-se de um testemunho: primeiramente de si e de uma prática, onde o correto é justamente que sua recensão escapa, tão autêntico que se deseja ser, a qualquer retorno pela escrita. As anotações que conservaram o registro de uma sessão memorável, relidas no amanhã, perdem toda a vida."[26]
>
> ANDRÉ GREEN

Roberta me procurou há alguns anos dizendo que tinha a "saúde mental comprometida". Achava que seu problema era hipocondria: quando lia sobre saúde, sentia todos os sintomas descritos nas reportagens. Tinha medo de estar com AIDS, já que não tomava os cuidados que sabia necessários e mantinha relações sexuais sem preservativo. Pensava em morte todos os dias.

Há cerca de dois anos fez um aborto numa "espelunca" – o último de uma série de sete – e teve o útero perfurado. "Fui mutilada aos 33 anos de idade!" Faz questão de dizer que sabia exatamente o perigo que estava correndo.

Tem uma filha do primeiro casamento que foi criada desde cedo por seus pais, já que ela não teve condições emocionais para cuidar do bebê.

---

26 Green, A. – "Transcrição da origem desconhecida. A escrita do psicanalista: crítica do testemunho", *Revista Brasileira de Psicanálise*, nº 1-2, São Paulo, 1992, p. 152.

Atualmente está desempregada, mas já trabalhou em duas grandes empresas. Tinha cargos importantes e era competente, mas nos dois casos acabou pedindo demissão por "não suportar a carga". Atualmente está encontrando dificuldade para arranjar trabalho, pois acha que fechou muitas portas.

Fuma muito e às vezes acha que está virando alcoólatra. Foi assim que ela chegou nas primeiras entrevistas. Hoje, tantos anos de análise depois, essa sua história já foi recontada e ressignificada muitas vezes, ao mesmo tempo em que novas histórias foram vividas, principalmente a história de nossa relação. Hoje, a análise tem presença forte em tudo o que ela faz e vive, uma análise que começou com uma sessão por semana até chegar paulatinamente às quatro sessões atuais.

O que vai me interessar nesse momento é justamente pinçar os movimentos iniciais da análise, os movimentos e as falas que inauguram a conversa analítica, essa conversa tão única e tão diferente da conversa cotidiana. Este diálogo surpreendente, como nos fala Maurice Blanchot: "A situação da análise tal como Freud a descobriu é uma situação extraordinária, parece saída do encantamento dos livros. Esse relacionamento, como dizem, do divã e da poltrona, essa entrevista nua, em um espaço separado, entrincheirado do mundo, duas pessoas, invisíveis uma à outra, são pouco a pouco chamadas a se confundirem com o poder de falar e o poder de escutar, a não ter nenhuma outra relação senão a intimidade neutra das duas faces do discurso, essa liberdade que se torna o mais cruel constrangimento, essa ausência de relação que se torna, por isso mesmo, a mais obscura relação, a mais aberta e a mais fechada"[27].

---

27 Blanchot, M. – "A fala analítica"(1969), *Boletim de Novidades Pulsional*, nº 49, São Paulo, 1993, p. 8.

Partindo da experiência clínica 35

Nessa primeira conversa com Roberta, faço algumas perguntas sobre o que ela está me contando e faço uma primeira interpretação: digo que ela sente ter AIDS mental, algo dentro dela que destrói sua vida psíquica e que destrói sua possibilidade de viver razoavelmente bem; gostaria que eu a ajudasse a fazer frente a essa ameaça. Não lembro se foi exatamente isso o que eu disse, mas lembro bem do impacto que isso causou. Ela me olhou espantada e fascinada, dizendo que eu estava certa. Do meu ponto de vista, não se trata de estar certa ou não. Penso que minha fala teve esse efeito porque realizou duas operações simultâneas.

Em primeiro lugar, foi uma fala que se originou de uma escuta peculiar. As palavras de Roberta não foram ouvidas por mim em seu sentido literal – "Tenho em meu corpo essa doença terrível chamada AIDS" –, mas, sim, em seu sentido figurado, metafórico – "Sinto dentro de mim algo terrível, como se fosse AIDS, algo que me ataca por dentro, destrói minha vida e contra o qual não tenho defesas".

Esse tipo de escuta é própria da experiência psicanalítica. Minha fala provocou impacto por ser uma fala e uma escuta totalmente diferentes do que ela tinha encontrado até então. É a entrada na conversa analítica, essa conversa diferente, em que as palavras são ouvidas em seus múltiplos sentidos, em que se diz coisas sem saber que as está dizendo.

Esse choque, esse impacto, é fundamental; já mostra outras possibilidades para a analisanda; mostra que pode haver outras maneiras de perceber a si própria e de falar de si própria. Esse contato com uma conversa tão inusitada e tão estranha pode provocar medo, curiosidade, fascínio, enfim, toda uma gama de emoções. No caso de Roberta, particularmente, provocou interesse, um movimento de abertura em relação a mim e a essa experiência tão nova que estávamos iniciando. Daí em diante, passou a referir-se a algumas vivências como sendo "minha AIDS mental".

Em segundo lugar, a outra operação que essa interpretação efetuou, foi fornecer a Roberta uma primeira "compreensão" de suas vivências emocionais, e uma compreensão que não tem nada a ver com uma explicação teórica e racional sobre o que se passava com ela. Tomei sua fala como uma metáfora (está falando do corpo como alusão à experiência emocional) e usei essa metáfora como conteúdo da interpretação, ou seja, transmiti a ela minha compreensão sobre ela mesma através de uma metáfora. Essa operação produz um forte efeito, porque *configura*, de algum modo, a experiência emocional dela, uma experiência presente em sua fala o tempo todo, mas sem uma palavra que pudesse explicitá-la, nomeá-la. Sua experiência emocional foi posta em palavras – e sabemos o quanto isso é fundamental na experiência psicanalítica.

Além disso, a palavra usada foi uma metáfora – figura fundamental da fala poética – e as metáforas têm uma força e um poder que as palavras comuns não têm. Que força é essa? De onde vem o poder da fala metafórica? A metáfora apenas descreve uma situação ou tem também a capacidade de introduzir algo novo? A metáfora teria um poder transformador (transforma a dor?) que as palavras comuns não têm? Ou ela seria apenas um artifício para embelezar a fala, torná-la sedutora e mais facilmente aceitável pelo analisando?

Outras metáforas desse tipo têm sido usadas no trabalho com Roberta. A vivência de ser mutilada por não ter útero é também ouvida por mim como vivência de estar impedida de exercer a fertilidade nas relações com as pessoas, no trabalho e, principalmente, na relação com a filha que teve. O número enorme de abortos a que se submeteu e que a deixam tão culpada me permitiu usar o aborto como metáfora de uma atitude que freqüentemente tinha no início da análise de faltar ou atrasar muito às sessões, abortando nossa relação, impedindo-a de se consolidar, de existir.

Partindo da experiência clínica　37

Essas interpretações metafóricas fazem parte das tentativas por parte do analista de dar alguma forma, alguma organização, alguma configuração à experiência emocional que surge no contato analítico. Trata-se, no entanto, de dar *alguma* forma, *algum* contorno ao amorfo, e não de encaixá-lo numa fôrma rígida, camisa-de-força. É uma forma que permite alguma visualização, alguma representação, embora sempre provisória e fugaz. Uma forma que permita um mínimo compartilhar, um mínimo de contato entre a experiência emocional do analisando e o mundo fora de si, além de permitir o trânsito e a comunicação entre vivências mudas e outras já disponíveis para o pensamento. Uma forma que apenas nomeia, legitima o vivido sem, no entanto, matá-lo através de uma palavra coisificadora, de uma palavra distanciadora ou racionalizadora.

Penso que essas falas que metaforizam a vida emocional dos analisandos têm uma dimensão poética não tanto por serem falas bonitas – embora muitas vezes elas o sejam, dependendo muito do talento poético do analista – e sim porque conseguem dar voz a experiências que de outra forma permaneceriam mudas. E quando isso ocorre, a emoção invade a cena, algo é apreendido emocionalmente e o poético se dá.

Os "momentos poéticos" numa análise talvez não sejam tão freqüentes e, por isso mesmo, quando surgem, têm uma força impressionante. A emoção que os acompanha é uma emoção peculiar, diferente da emoção que se sente ao falar de uma dor ou de uma alegria. É uma emoção silenciosa, uma emoção como a que nos toma quando somos tocados por um poema ou por uma música, por exemplo. Emoção estética. Muitas vezes, nenhuma palavra precisa ser proferida.

São momentos em que "algo" se dá, um deslumbre, um vislumbre, uma revelação. Algo que se passa mais no plano emocional do que no intelectual – ou melhor, num plano que é indissoluvelmente emocional e intelectual – e que não é fácil de ser transmitido por palavras.

Os momentos poéticos são raros, não fazem parte do cotidiano das análises, que têm muito de conversa, tagarelice, histórias. No entanto, estamos o tempo todo trabalhando para criar condições a fim de que eles possam surgir e para estarmos disponíveis para eles. Mantemo-nos numa escuta e numa atitude propícia, mas o poético surge, brota e acontece quando tiver que acontecer: não adianta forçar, não é possível evitar.

Luíza, uma menininha de três anos e meio, esteve em análise comigo durante alguns meses. O trabalho foi interrompido por iniciativa dos pais, que não podiam trazer a filha duas vezes na semana, que não podiam mais *pagar*, que não queriam *pagar* as sessões em que faltavam e assim por diante, até que a interrupção se fez. Luíza tinha um vínculo forte comigo, vinha com muito prazer e propunha brincadeiras sempre muito interessantes e significativas. Na sessão de "despedida" – foi assim que me referi – falei que ela poderia levar para casa o que quisesse dentre o material de sua caixa lúdica. Em nossas sessões, ela sempre tentava levar coisas e eu sempre impedia, ou pelo menos fazia alguma negociação para ela levar *uma* só coisa. Nessa última sessão, eu permiti que ela levasse o que quisesse; eu queria que ela levasse nosso trabalho com ela, eu queria que ela me levasse com ela. De fato, ela escolheu os copos descartáveis de plástico, que estavam sujos, amassados e rasgados, mas que foram durante esse tempo todo os pratos de nossos piqueniques imaginários. Quase no final da sessão, ela diz que também quer me dar uma coisa. Sai da sala e vai buscar com sua mãe a sua bolsinha cor-de-rosa da Barbie e tira de dentro dela a sua carteira cor-de-rosa da Minnie. Abre o zíper, pega uma moeda de vinte e cinco centavos e põe na minha mão.

Partindo da experiência clínica **39**

Quantas coisas ela disse com a escolha dos copos e com o gesto de me dar a moeda! Quão profundamente ela estava percebendo e compreendendo o que estava ocorrendo, o que tinha sido nosso contato! Nenhuma palavra poderia dar conta desse momento sem tirar-lhe a força. Só metáforas: os copos, a moeda. Minha "interpretação" foi um gesto silencioso, gesto metafórico: apenas agradeci a moeda e pus no meu *bolso*. Outra metáfora.

Numa de suas sessões, Roberta chega contando que dormiu bastante mal à noite porque havia na vizinhança um bebê que não parava de berrar. A mãe desse bebê não conseguia acalmá-lo e gritava com ele. Roberta me diz que se identificou com essa mãe e que se lembra de como gritava com a filha quando esta era bebê. Falo que penso nela também como esse bebê que sofre intensamente, que sente um profundo desconforto e que grita, vomita e explode porque não tem outro recurso para fazer frente à dor, e que não encontra alguém que possa conter, entender e apaziguar sua angústia. Ela responde: "Mas com quarenta anos! Tenho o cabelo todo branco (eu noto apenas alguns fios), estou na idade de dar colo, não de receber". Digo que a vida psíquica tem todas as idades e que eu a vejo não só como uma mãe má que maltrata a filha, mas também como uma pessoa altamente desamparada que quer ser cuidada. Seus olhos foram se enchendo de lágrimas e a emoção a tomou; no caso dela, é um momento único: nesses anos todos, ela quase nunca chorou. Ela se surpreende com a própria emoção e diz: "Para mim, emoção é algo ruim sempre. Emoção é uma 'coisa', não sei direito o que é. Eu sou uma secura de afeto, um deserto". Algo se deu nesse momento, algo a tocou – e a mim também. Penso que o desamparo dela foi nomeado pela primeira vez e foi colocado como estando na origem de seu ódio, de suas explosões emocionais. A metáfora do bebê com a mãe, tão gasta na psicanálise, foi especialmente fecunda nesse momento. Chegamos a um novo patamar, e a emoção é o indicador e a garantia disso.

Roberta freqüentemente chega muito angustiada e perguntando: O que é isso que tenho dentro de mim? É loucura? É falta de alguma substância no cérebro? Como é o nome disso? Essa sua busca me faz pensar num pequeno texto de Clarice Lispector: "Se recebo um presente dado com carinho por pessoa de quem não gosto – como se chama o que sinto? Uma pessoa de quem não se gosta mais e que não gosta mais da gente – como se chama essa mágoa e esse rancor? Estar ocupada e, de repente, parar por ter sido tomada por uma desocupação beata, milagrosa, sorridente e idiota – como se chama o que se sentiu? O único modo de chamar é perguntar: como se chama? Até hoje só consegui nomear com a própria pergunta. Qual é o nome? e este é o nome"[28].

O trabalho do escritor, do poeta, é nesse aspecto muito parecido com o do psicanalista: um trabalho de nomeação da experiência emocional, mas uma nomeação especial, uma nomeação que possa dar vida a ela, que não a mate com um nome. Uma nomeação que muitas vezes não pode se dar, ou que se dá aos poucos, cada vez fazendo aparecer novas facetas da experiência, num trabalho artesanal que pode durar anos. Às vezes, o que nos resta é apenas a pergunta sem resposta: como se chama?

Clarice Lispector escreve muito sobre o próprio ato de escrever, e sua luta com as palavras é dramática: "Mas já que se há de escrever, que ao menos não se esmaguem com palavras as entrelinhas"[29]. Ou ainda: "O que atrapalha ao escrever é ter que usar palavras. É incômodo. Se eu pudesse escrever por intermédio de desenhar na madeira ou de

---

28 Lispector, C. – "Como se chama", in *Para não esquecer*, São Paulo, Ática, 1984, p. 17.
29 Lispector, C. – "Mas já que se há de escrever...", in *op. cit.*, p. 15.

Partindo da experiência clínica 41

alisar uma cabeça de menino ou de passear pelo campo, jamais eu teria entrado pelo caminho da palavra"[30]. Essa é a tarefa paradoxal do psicanalista. Seu instrumento é a palavra e é fazendo uso dela que ele tentará chegar às entrelinhas, à não-palavra, "nisso que se sente". Não é qualquer palavra, qualquer fala, que pode cumprir essa função. Que palavra especial é essa que pode dizer o indizível? Essa palavra, entretanto, não tem só a função de expressar ou descrever uma experiência. É uma palavra que ao mesmo tempo que se refere a ela, configura-a de determinada forma, dá-lhe uma forma. Ela dá forma a algo que era amorfo, ela produz algo que não existia antes desse modo, dessa forma. É uma palavra que diz e que faz.

Com Roberta, minha tentativa vem sendo a de forjar junto com ela palavras bem distantes dos clichês e rótulos que ela traz e pede – histeria, psicose, falta de serotonina etc. Uma palavra que possa, sim, definir, ou pelo menos se aproximar do que ela "tem" e vive, mas sem esterilizar, sem generalizar através de um nome que não vai dizer nada sobre sua singularidade. Uma palavra que possa dizer-lhe algo emocionalmente, e não só intelectualmente. Que seja só sua, que fale da sua experiência singular, única, diferente de todos os outros seres humanos. Uma palavra que nasça de suas vivências particulares e que retorne a elas. Uma palavra, enfim, que busca algo dificilmente atingível por palavras.

"Ele me detonou." É assim que ela se refere ao ex-marido, de quem está separada há muitos anos e com quem mantém uma relação de amor e ódio apaixonados. Ele, para ela, é o monstro que a destruiu, o crápula que a abandonou. Quando está tomada por essas vivências, apaga-se completamente o registro de outras facetas dele que ela vivencia, como,

---

30 Lispector, C. – "Escrevendo", in *op. cit.*, p. 100.

por exemplo, a do pai extremamente preocupado com a filha ou a do homem que telefona todos os dias quando ela está doente. O uso do termo "detonar" logo me chamou a atenção. É uma gíria muito comum hoje em dia, usada principalmente por adolescentes como sua filha, e, como toda gíria, é usada distraidamente, mecanicamente, sem atenção ao seu significado literal. Por exemplo, "detonar uma caixa de bombons" significando acabar com eles, comê-los todos. Com Roberta, em vez de ouvir o sentido metafórico do termo, detive-me também no sentido literal: uma escuta atenta ao aspecto polissêmico das palavras. "Detonar" tem a ver com explodir.

Isso me pareceu muito próximo ao que ela vive dentro de si, a toda sua violência, ódio, destrutividade, às suas projeções e cisões maciças, radicais, às suas vivências persecutórias tão terríveis e avassaladoras, ao seu despedaçamento.

Certo dia me conta da bomba de gasolina que explodiu no posto vizinho a seu prédio e que a deixou totalmente em pânico. Esse episódio, junto com sua reação tão intensa a ele, e junto com a insistência do termo "estou detonada", fez com que eu sugerisse mais outra metáfora. Foi numa sessão depois do final de semana, em que ela conta ter ido com alguns conhecidos a um sítio. Lá conversou com uma moça que é muito amiga de sua irmã e que, dentre outras coisas, falou que o cabelo da filha estava horrível, totalmente destruído (detonado?). Roberta conta que estava se sentindo tão bem naquele dia, estava tão satisfeita de estar passeando no sítio que, ao contrário do que ela mesma esperava, não brigou com essa moça, não a "matou com palavras" e preocupou-se mais em consolar a filha, que ficara magoada com o comentário.

Digo que ela é como uma bomba prestes a explodir, e que freqüentemente explode, despedaçando tudo o que está em volta. O que faz essa bomba detonar, como no caso da bomba de gasolina, é algo como um fósforo aceso perto de um vazamento. Se não há

Partindo da experiência clínica 43

vazamento, o fósforo não provoca explosão. Nesse dia, a explosão não se deu, não por falta de fósforo (afinal, viver é deparar-se em muitos momentos com situações e pessoas "detonantes"), mas porque não havia vazamento, porque ela estava podendo reconhecer a existência e usufruir um momento de satisfação – e, assim, até a função materna pôde ficar num primeiro plano. Nos momentos em que ela está frustrada e insatisfeita, qualquer movimento do outro que não seja totalmente sintônico com ela é suficiente para detonar a explosão. Essa formulação fez muito sentido e levou-a a perguntar: mas o que posso fazer para impedir a explosão? Não temos a resposta tão imediatamente, não sei se um dia teremos. Essa metáfora ainda não dá conta de tudo o que se passa, nem para ela e nem para mim. Mas a minha construção metafórica e a pergunta dela indicam que algo já está sendo formulado e pensado por nós duas, e a análise vai se constituindo num espaço em que ela pode deixar de ficar à mercê de explosões emocionais, que não são sequer percebidas como tais, para passar a aumentar a continência (como?), de modo que os vazamentos não mais precisem ocorrer.

Em outra circunstância, querendo falar sobre o quanto o mundo interno dela era fragmentado e cheio de morte, falei que ela fazia como esses terroristas kamikazes que explodem o alvo a ser destruído mas que se destroem junto, no mesmo movimento.

Falo de vômito, ela me fala do mito de Sísifo. Falamos em ressuscitar mortos, em entrar em sintonia com os outros eliminando o ruído e o chiado da comunicação. Metáforas.

O mito de Sísifo, aliás, que ela traz para dizer que na sua vida está sempre se esforçando e sempre tendo que começar tudo de novo, me parece uma ótima metáfora do que eu mesma sinto no trabalho com ela: um grande esforço para fazer ligações, juntar os pedaços, construir, e as explosões que vêm e despedaçam tudo novamente.

Por que usar tantas metáforas? Que função elas têm? Como elas operam? Será que eu poderia prescindir delas e falar numa linguagem mais direta, menos figurada? São essas e outras questões que pretendo discutir neste trabalho. Por ora, posso dizer que minha experiência, quer como analista quer como analisanda, me mostra que as metáforas são fundamentais. Elas permitem que se verbalizem coisas para as quais não há palavras, elas nomeiam vivências emocionais significativas, permitem que se pense e se converse sobre elas. Têm grande poder de afetar, pois são extremamente próximas da experiência emocional; podem produzir insight e emocionar, falam à razão e ao coração. De que outra forma eu poderia falar das projeções violentas sem usar a imagem do vômito? Além disso, a idéia de "projeção" também é metafórica. Como falar desse "mecanismo"? Que palavras usar para escapar das metáforas? No entanto, seria necessário escapar delas? Elas são epistemologicamente inferiores?

Em minha experiência, percebo como as metáforas permitem, em grande medida, que a conversa entre a dupla analítica se dê e que em muitas situações acabam virando uma espécie de código particular, um dialeto que só essa dupla entenderia e que, no entanto, tem grande significação. Com Roberta, quando falamos em vômito, aborto, bomba, já sabemos a que experiência emocional estamos nos referindo, o que também facilita a substituição dessas metáforas por outras melhores, à medida que a análise vai transcorrendo, à medida que conseguimos penetrar mais profundamente na experiência emocional, ou à medida que esta vai se transformando. Certa vez, ela própria trouxe uma metáfora para falar de nosso trabalho, e a emoção fui eu quem senti: "Você é minha intérprete, você traduz para mim o que eu sinto".

Seria importante notar que nem todas as metáforas têm a mesma força. Algumas são "melhores" do que outras no sentido de se aproximarem mais das vivências do analisando, ou no sentido de

Partindo da experiência clínica 45

propiciarem mais abertura, mais associações. Certo dia, Roberta "corrigiu" uma fala minha sobre ela, dizendo que o que ela estava vivendo naquela ocasião não era depressão (o termo que usei) e sim *inferno*! As metáforas propõem uma nova forma de percepção de si mesmo e do mundo. Muitas vezes seu impacto vem daí: o que vivo e sinto pode ser expresso, pode ser compreendido por um outro, pode ser colocado em palavras e comunicado – ainda que precariamente, tangencialmente, e só por uma palavra especial, palavra metafórica, palavra poética. Além disso, posso ser visto e pensado de uma maneira diferente da minha, posso ser figurado de outra forma, por outra forma. A escuta e a fala do analista propõem algo inédito, apontam para uma direção nova.

Com Roberta, uma fala minha provocou um efeito desse tipo. Não foi uma fala propriamente metafórica, mas uma fala cuja dimensão poética pode ser pensada em termos do efeito que promove. Um efeito de romper o usual, provocar uma desestabilização e levar a um arranjo novo, diferente do existente até então.

Roberta vê e revê sua vida como uma série de erros: a filha de quem não cuidou, o pai que escolheu para ela, as relações amorosas que só fracassaram, o status profissional que foi perdendo. Encontra colegas de faculdade e vem amargurada às sessões, comparando a sua trajetória com a deles e concluindo que não cresceu. Angustia-se porque perdeu as oportunidades que a vida lhe ofereceu e diz que *já* tem quarenta anos. Nesse momento, digo apenas: "Você *só* tem quarenta anos!". Foi uma frase curta, o que não é muito o meu estilo com ela e que a deixou perplexa, interrompendo por um momento seu falatório queixoso. "Você acha? Será?" Nas sessões seguintes, retoma essa idéia, diz que ficou com isso na cabeça, acha que esse pensamento a obriga a encarar sua vida de um modo diferente; diz que se deu conta de que tem um futuro e que nunca tinha pensado nesses termos. Percebo que não é fácil para ela simplesmente mudar sua visão das coisas. Reconhecer que existe um futuro não é mera força de expressão, requer uma virada grande em suas auto-representações, e isso pode trazer muito desconforto e angústia. Por mais que viver no passado seja fonte de sofrimento, é o jeito conhecido, é o habitual que foi construído durante toda a vida e romper com isso não é um processo indolor.

De qualquer modo, essa minha fala, diferente das outras que oferecem uma compreensão e uma organização do vivido, procurou provocar uma desorganização, a partir da qual uma nova configuração poderia surgir. A idéia de *já* ter quarenta anos foi desmantelada pela idéia de *só* ter quarenta anos; o olhar dela foi desviado para o futuro e isso, por si só, já permite que ela veja paisagens até então desconhecidas.

Esse tipo de interpretação me faz pensar numa sessão com Solange, uma outra paciente. Ela chega dizendo que a sessão anterior foi muito importante, que falamos sobre coisas fortes, que tocamos em pontos difíceis para ela. No entanto, conta que esqueceu completamente o que conversamos, não se lembra de nada e acha que o esquecimento é significativo, é mais uma fuga das questões espinhosas. Quer parar de fugir e pede que eu a ajude a se lembrar.

Solange vive achando que tem "resistência" e que não é uma paciente colaborativa, como uma aluna que não presta atenção às aulas e não faz a lição de casa. É uma pessoa muito controlada e controladora. Fica aflita, por exemplo, quando dá uma gargalhada mais alta no cinema ou quando, como aconteceu recentemente, ficou nervosa num acidente de trânsito. Acha que uma pessoa madura não pode ter esse tipo de extravasamento. Certa noite, recebeu casais de amigos em casa e achou absurdo que as mulheres viessem de minissaia e salto alto para um jantar tão simples. Quando foi ao cinema com essas mesmas amigas – fato raro e por isso mesmo muito aguardado

Partindo da experiência clínica 47

e desejado por ela –, sentiu-se ridícula por ter se arrumado para um programa "tão banal".

Diante do pedido que me fez na sessão, de que eu a ajudasse a se lembrar da conversa passada para que ela não mais fugisse da análise, digo que esquecer pode ser bom, que podemos deixar que nossas conversas façam seu próprio percurso dentro dela, que não precisamos acompanhar passo a passo o que se passa, que ela não precisa se preocupar. Ajudá-la a se lembrar seria ajudá-la a se controlar, a estar sempre alerta, e eu acho que ela precisa poder distrair-se, esquecer, dar vazão ao que surge espontaneamente nela sem tanta crítica. A própria analista falando que pode esquecer, que pode "resistir", que pode mudar de assunto! Para ela, isso é altamente estranho e impensável. Rompe com uma série de referências que têm lhe servido de guia ao longo da análise, referências, no entanto, que mais a aprisionam do que a levam para algum lugar.

Numa outra ocasião, Solange conta que seu filho pequeno levou um castigo do pai – uma semana sem ver televisão – e fez xixi na cama por alguns dias. Acha interessante a idéia de que a enurese possa ter surgido como uma resposta a um estado emocional, quem sabe um ato de "soltar" por sentir-se "preso". Eu lhe pergunto, então: e qual é o seu xixi? "Comer", responde prontamente (ela é gorda), e depois comenta: "mas que pergunta esquisita!".

Eu me surpreendi foi com a resposta dela. Mesmo achando a pergunta esquisita, embarcou nela – o que significa que algumas referências rígidas já estão sendo rompidas – e trouxe algo muito valioso. Ela come muito e isso a incomoda. Já falamos disso, mas há tempos essa questão estava de lado. A partir da minha pergunta, que na verdade foi uma sugestão para que ela pensasse qual era a sua "metáfora" (sintoma), análoga à do xixi do filho, pudemos conversar sobre o comer e engordar de uma maneira que até então não havíamos podido. Não com tanta proximidade, não com tantas associações da parte dela. Por que meu convite à metaforização produziu uma resposta tão rica? Afinal, qual é o poder da metáfora?

Nos próximos capítulos, vou percorrer os meus dois eixos – a interpretação e a metáfora – de modo a poder pensar as situações clínicas como essas que relatei, em que a metáfora ocupa um lugar tão especial.

CAPÍTULO II
RESSONÂNCIA, RUPTURA E METAFORIZAÇÃO: A INTERPRETAÇÃO PSICANALÍTICA

> "E aquele que parece o mais displicente, o mais ausente dos ouvintes, um homem sem rosto, quase um alguém, espécie de qualquer um equilibrando qualquer coisa do discurso, como um vazio no espaço, um vazio silencioso que é no entanto a verdadeira razão do falar, rompendo sem cessar o equilíbrio, fazendo variar a tensão nas trocas, respondendo sem responder, e transformando insensivelmente o monólogo sem saída em um diálogo onde cada um falou"[31].
>
> MAURICE BLANCHOT

Este capítulo visa discutir alguns aspectos fundamentais da interpretação psicanalítica, para que depois possamos pensar o lugar e o papel da metáfora nela. Essa abordagem se faz necessária porque, de um lado, há diferentes maneiras de concebê-la, tanto no percurso do pensamento de Freud quanto entre os diversos teóricos pós-freudianos, e, de outro lado, nem todas as intervenções do analista são interpretações propriamente ditas. Ainda neste capítulo, vou abordar as possíveis afinidades entre a interpretação psicanalítica e a interpretação de obras de arte.

---

31 Blanchot, M. – "A fala analítica", *Boletim de Novidades Pulsional*, nº 49, São Paulo, 1993, p. 8.

1. A interpretação psicanalítica no pensamento de Freud: o intérprete-detetive-arqueólogo

A forma de compreender a natureza da interpretação foi mudando ao longo da obra de Freud. Joel Birman e Carlos Augusto Nicéas[32], num trabalho muito elucidativo em que acompanham o desenvolvimento do pensamento de Freud em relação à interpretação, mostram que a novidade radical que ele introduziu, em relação ao pensamento de sua época, foi considerar o sintoma neurótico como tendo um *sentido* a ser revelado através de um cuidadoso trabalho interpretativo. Esse trabalho incluía, de um lado, o fato de que o paciente devia dar expressão *verbal* à emoção e, de outro lado, o fato de que era também pela via *verbal* (interpretação) que o analista produziria as transformações na economia libidinal do paciente. Desde o início, portanto, o trabalho psicanalítico situou-se no plano verbal: a *palavra* era o instrumento fundamental dessa nova forma de tratamento das neuroses.

Mais tarde, com a descoberta da transferência e da contratransferência, o trabalho torna-se mais complexo, mas a ênfase no verbal permanece: "O que será 'vivenciado' no seio da relação analítica o será em relação a um outro – o analista – que, por sua vez, deverá encontrar uma formulação verbal para esse 'vivenciado' do paciente a partir do seu próprio 'vivenciado' contratransferencial"[33]. A interpretação

---

32 Birman, J. e Nicéas, C. A. – "Constituição do campo transferencial e o lugar da interpretação psicanalítica: um estudo sobre o pensamento de Freud", in Birman, J. e Nicéas, C. A. (orgs.) – *Transferência e interpretação*, Rio de Janeiro, Campus, 1982.

33 *Idem*, p. 17.

Ressonância, ruptura e metaforização 51

psicanalítica é uma *formulação verbal* e esse caráter nunca se perderá no pensamento freudiano.

No entanto, não é qualquer formulação verbal que tem efeito interpretativo. Muitas intervenções do analista não são interpretações. A palavra é o veículo fundamental da interpretação, mas não qualquer palavra. A interpretação é uma palavra especial. É assim que Maurice Blanchot se refere a Freud: "Que confiança no poder libertador da linguagem. Quanta virtude concedida à relação mais simples: um homem que fala, um homem que escuta. Eis então que não somente os espíritos, mas também os corpos se curam"[34]. Que palavra tão especial é essa que tem tamanha força e poder transformador? Essa é uma das questões que pretendo responder ao longo deste trabalho. Minha hipótese é que a palavra interpretativa tem grande afinidade com a palavra poética, com a metáfora poética. Mas voltemos, por ora, ao percurso de Freud e ao trabalho de circunscrever a especificidade da interpretação psicanalítica.

Nos "Estudos sobre a Histeria", como nos mostram Birman e Nicéas, a transferência ainda é periférica e a interpretação é considerada como sendo a comunicação ao paciente daquilo que se encontra esquecido – mas intacto – nas profundezas de seu inconsciente: o acontecimento traumático e a representação patogênica. O trabalho do analista é *decifrar* e *revelar* o *enigma* da neurose, e para isso seu procedimento é o da *investigação* e *reconstrução arqueológica* dos acontecimentos passados. A interpretação aqui é um método racional, uma pura "explicação" sobre a formação dos sintomas, não muito diferente do que a "tradução simultânea" do inconsciente do paciente.

---

34 Blanchot, M. – *op. cit.*, p. 5.

As relações entre analista e paciente são pensadas em termos de saber e o analista é comparado a um *detetive* ou a um *arqueólogo*.

A partir do "Caso Dora", a transferência torna-se o centro do trabalho, e a associação livre já substituiu o método catártico. Freud começa a prestar menos atenção nas representações verbalizadas com coerência e mais nas representações que aparecem fragmentadas, escapando do discurso coerente, bem como no que aparece atuado na relação com o analista. A interpretação passa a ser o trabalho de sentido a ser efetuado sobre a *transferência*.

Nos "Escritos Técnicos", Freud vai progressivamente se aproximando da questão da *contratransferência*, da necessidade que o analista tem de ser analisado. Ambos participantes do trabalho analítico estão submetidos aos efeitos do inconsciente; acabaram-se a segurança e a garantia que a interpretação racional propiciava. A interpretação agora é "uma produção gerada em termos *intersubjetivos* no espaço de uma *relação*"[35].

No texto sobre "A Dinâmica da Transferência", a ênfase está na eficácia curativa da interpretação: ela deve poder superar as resistências e permitir a emergência do recalcado. A interpretação psicanalítica é instrumento de *transformação*.

Com a segunda tópica, surge o novo dualismo pulsional, o id, a pulsão de morte, a compulsão à repetição. O não-simbolizável, o não-representável, invade a cena, e a função do analista tem de ir além do mero conhecimento do inconsciente do paciente, quem sabe além da interpretação[36]. Freud não se deteve nisso; a concepção de interpretação

---

35 *Idem*, p. 25. Os grifos são meus.
36 Num trabalho publicado recentemente – *Além dos limites da interpretação: indagações sobre a técnica psicanalítica*, São Paulo, Casa do Psicólogo, 1997 – Myriam

Ressonância, ruptura e metaforização

como um trabalho detetivesco e arqueológico foi sempre muito forte no seu pensamento: mesmo trabalhando na transferência, ele sempre quis buscar o passado histórico e a realidade factual, que deviam estar soterrados, mas intactos, no inconsciente.

No entanto, essa maneira de conceber a interpretação, como tradução simultânea, explicação, deciframento, revelação de um sentido oculto já dado, não dá conta do que ocorre na experiência clínica, porque, dentre outras coisas, abole a possibilidade de emergência de *significações novas* que não estão dadas *a priori*. Nas palavras de Renato Mezan: "A psicanálise, porque é leitura, é trabalho e não deciframento, é instauração do sentido e não mera revelação dele, é negação singular e dolorosa e não marcha triunfal rumo a uma transparência enganadora"[37]. Na verdade, essa é uma discussão ainda atual na psicanálise: a interpretação faz reconstrução ou construção, revela sentidos ou os cria? Voltarei a esse ponto mais tarde. Antes, porém, quero comentar ainda outro aspecto que revela a insuficiência desse tipo de concepção sobre interpretação.

Num artigo bastante interessante, Octave Mannoni mostra que a palavra usada por Freud – "*Deutung*" –, que foi traduzida por "interpretação", foi inicialmente usada no contexto da interpretação dos sonhos e tem um sentido mais próximo ao de "explicação" ou de

---

Uchitel faz um percurso detalhado e cuidadoso pela interpretação psicanalítica no pensamento freudiano e mostra que a ênfase sempre foi dada à representação em detrimento do afeto; a interpretação freqüentemente se aproximou da intelectualização. Com a segunda tópica, surge o não-representável, e é preciso pensar numa forma de intervenção que seja mais próxima da pulsão sem representação. Para ela, o *ato* seria essa intervenção: um aquém ou além da palavra que oferece uma vivência inédita, surpreendente (ruptura, impacto), que permite novas formas de inscrição da pulsão.

37 Mezan, R. – "A querela das interpretações", in *A vingança da esfinge: ensaios de psicanálise*, São Paulo, Brasiliense, 1988, p. 73.

54 *Palavra Pescando Não-palavra*

"tradução" a partir de um código de símbolos[38]. Para ele, fora da análise dos sonhos e dos lapsos, tal palavra com tal sentido não seria pertinente. A explicação não provoca *impacto* ou *emoção*, além de não ser específica da psicanálise: existe desde a Antigüidade. Esse tipo de interpretação conduz a um *conhecimento teórico e intelectualizado*, que não leva a nenhuma *transformação* e nada tem a ver com os objetivos de uma análise. O que o analista faz são "intervenções", e cita Winnicott: "A criatividade do paciente, o terapeuta que sabe demais pode subtraí-la. O que importa não é tanto o saber do terapeuta quanto o fato de que possa esconder o seu saber e abster-se de proclamar o que sabe ... Fico desolado quando penso nas profundas mudanças que impedi com minha excessiva necessidade de interpretar ... O princípio é o seguinte: é o paciente, e somente o paciente, quem detém as respostas"[39].

Esse ponto é fundamental. A idéia de interpretação como uma explicação fere um princípio básico da psicanálise: a transformação psíquica só é possível através de um processo que, longe de ser intelectual e racional, envolve a aquisição de um conhecimento que é *emocional*, um conhecimento adquirido a partir de uma vivência que se dá no nível dos afetos. Aqui, o conhecimento teórico é totalmente

---

38 Assim Renato Mezan destrincha o termo: "A palavra que Freud emprega, como bem sabemos, é *Deutung*: ela significa interpretação, sem dúvida, mas também sugere a idéia de esclarecimento ou de explicação, de introduzir ordem no caos aparente: *deut* é a raiz de *deutlich*, nítido, claro, distinto, e do substantivo correspondente *Deutlichkeit*. *Deuten* é tornar nítido o que aparecia como confuso ou embaraçado, e ao mesmo tempo revelar a lógica, mostrar as conexões daquilo que se está interpretando com o conjunto da vida psíquica da pessoa", no artigo "Cem anos de interpretação", in Slavutzky, A. (org.) – *História clínica e perspectiva nos cem anos de psicanálise*, Porto Alegre, Artes Médicas, 1996.

39 Winnicott, D.W. – "O brincar e a realidade", citado por Mannoni, O. – "O divã de Procusto", in *Um espanto tão intenso: a vergonha, o riso, a morte*, Rio de Janeiro, Campus, 1992, p. 86.

Ressonância, ruptura e metaforização 55

dispensável e indesejado, já que ele muitas vezes serve para reforçar defesas. Como veremos nos próximos capítulos, a aquisição de conhecimento pela via emocional é uma das pontes que une a experiência psicanalítica e a experiência estética.

2. A interpretação psicanalítica como construção criativa

Para retomar a questão da reconstrução versus construção, podemos abordar agora uma concepção que é oposta à de Freud: ao invés de descobrir o significado oculto, o que o analista faz é inventar significados novos. Poderíamos até brincar com uma metáfora de Freud bastante conhecida e dizer que, no primeiro caso, o analista procede por *via di levare*, como na escultura, e, no segundo, por *via di porre*, como na pintura[40]. Serge Viderman pensa a interpretação neste sentido: ao contrário da posição detetivesca e arqueológica, para a qual o passado e o inconsciente estão intactos e acessíveis para o analista que souber chegar a eles através do uso adequado do método psicanalítico, ele afirma que a história objetiva, tal qual se deu de fato, é irrecuperável pela memória e só volta através das *construções* do analista, marcadas por alto grau de incerteza e nenhuma objetividade. A interpretação psicanalítica não reconstrói a história do sujeito, e sim constrói uma

---

40 "Na realidade, entre a técnica sugestiva e a analítica há uma máxima oposição, a mesma que a respeito das artes Leonardo da Vinci colocou nas fórmulas *per via di porre* e *per via di levare*. A pintura, diz Leonardo, opera *per via di porre,* isto é, vai pondo cores onde antes elas não estavam, sobre a tela branca. Ao contrário, a escultura procede *per via di levare*, tirando da pedra a massa que encobre a superfície da estátua nela contida". Freud, S. – *Sobre psicoterapia* (1905), in Obras Completas de Sigmund Freud, Madri, Biblioteca Nueva, 1973, tomo I, p. 1009.

história conjetural e imaginária. Segundo ele, "o recalque não operou o *sepultamento* de uma unidade de sentido ... (e sim) operou um *estilhaçamento* da unidade primitiva de sentido ... (e a) interpretação ... reúne (os fragmentos) na unidade nova de uma representação nominada"[41]. A palavra do analista não descobre nada, não resgata nada das profundezas, mas dá um nome, cria, constrói, inventa. O que está em jogo é a *nomeação inédita* e a *imaginação criadora*.

O argumento de Viderman é valioso, porque aborda um ponto fundamental: as idéias sobre a natureza do inconsciente que permeiam as diferentes concepções da interpretação psicanalítica. Nas suas palavras: "Existe em Freud a idéia de um *texto contínuo idealmente legível*, perdido, em parte ou totalmente, pela ação das defesas que nele praticaram claros cortes. Do texto em que se inscrevia o desejo originário numa *transparência sem falha*, chega-nos um texto em que, no lugar do traço rompido, da substância perdida, inserem-se, agora, as peças que os sintomas lhe trazem de volta; eles dizem, também, o desejo convertido numa língua que tem seu mistério, do qual bastará, no entanto, descobrir o código para conseguir a reconversão do texto para sua primeira clareza... A pobreza e o caráter aleatório dos resultados terapêuticos provam quer a dificuldade que haveria em recompor com exatidão o texto perdido – quer que *não existe texto antes da perda* ... O texto nunca é perdido porque, enquanto texto, isto é, como conjunto formal de uma estrutura preexistente, jamais existiu (...) As associações, a transferência ... o sonho, enfim, são signos ... que remetem menos a um texto primário suposto como essencial do que permitem que um texto essencial ... seja reunido, *escrito pelo esforço de*

---

41 Viderman, S. – *A construção do espaço analítico*, São Paulo, Escuta, 1990, p. 57. Os grifos são meus.

Ressonância, ruptura e metaforização

um e de outro e no espaço analítico – e não reescrito"[42]. O que aqui se afirma é que a interpretação não pode buscar uma verdade e uma realidade objetivamente verificáveis simplesmente porque estas não existem. Não há nada a buscar no passado, nada está intacto no inconsciente, e a interpretação psicanalítica só pode construir algo que, fora da situação analítica, não existe e nunca existiu.

A posição de Viderman precisa ser analisada com cuidado, justamente porque parece bastante consistente e atraente num primeiro momento. Frank Kermode[43], crítico literário britânico, afirma categoricamente que a psicanálise figura entre as artes e que a interpretação psicanalítica tem relação com a teoria da ficção: o analista insere a ficção no discurso do paciente. Essa posição – baseada em pressupostos semelhantes aos de Viderman –, levada ao extremo, permite que se diga coisas como: "Os escritores centrais de nosso tempo são Freud, Proust, Joyce e Kafka ... Freud descrevia a si mesmo como cientista, mas há de sobreviver como grande ensaísta ... e não como o fundador de uma terapia já desacreditada como outro episódio na longa história do xamanismo". Estas são palavras de Harold Bloom, crítico literário muito respeitado hoje em dia[44].

Na verdade, a imaginação criadora do analista é fundamental no processo analítico, e o fato de as interpretações não poderem ser verificadas objetivamente tal como Freud gostaria que fossem, para que sua disciplina fosse considerada científica, não desabona a psicanálise. Como vimos na introdução, a psicanálise não é mesmo a

---

42 *Idem*, p. 106-107. Os grifos são meus.
43 Kermode, F. – "Freud e a interpretação", in *Um apetite pela poesia*, São Paulo, EDUSP, 1993.
44 Bloom, H. – "Freud e o complexo de Hamlet", *Folha de S.Paulo*, caderno Mais!, 28/8/1994.

58   *Palavra Pescando Não-palavra*

ciência positivista que Freud almejava e não deve ser avaliada segundo esses critérios. Pensar que o analista tenha afinidades com os escritores e poetas enquanto seres inventivos também é possível. Serão da mesma natureza os processos criativos que levam à poesia e à interpretação? Essa questão não deixa de ser pertinente. Dizer, entretanto, que Freud foi apenas um grande escritor, ou que o analista é um poeta, seria ir longe demais e desconhecer as especificidades de cada um. Além disso, dizer que a interpretação psicanalítica é *pura* criação, *pura* ficção, é desconsiderar o quanto ela é uma criação ancorada, de um lado, na observação clínica, na experiência clínica vivida junto de cada paciente, e, de outro, na metapsicologia. Em suma, é possível afirmar que a experiência psicanalítica tem uma dimensão poética e criativa, mas isso não equivale a considerar que o trabalho seja pura criação, nem que o analista seja um poeta e nem que a fala do paciente seja como um texto literário a ser decifrado, como veremos adiante.

O próprio Viderman, que tanto insiste na interpretação como pura invenção, faz um comentário *en passant* que relativiza sua posição: "Trata-se, é verdade, de uma construção imaginária, mas, uma grande parte do esforço da reflexão epistemológica consiste em caminhar em direção a construções próximas da *metáfora*; caminhar do racional para o real"[45]. A introdução da metáfora na interpretação psicanalítica é fundamental e faz toda a diferença: não se trata de qualquer construção imaginária, mas sim de uma específica, a *construção metafórica*, que tem uma relação especial com o real. Um estudo sobre a metáfora será objeto do próximo capítulo: quais são as propriedades dessa figura tão especial? Por que ela pode ter um papel importante na interpretação psicanalítica?

---

45 Viderman, S. – *op. cit.*, p. 86. Os grifos são meus.

3. A interpretação psicanalítica como resposta ao encontro com uma alteridade

Gostaria, agora, de trazer uma concepção de interpretação que, embora se refira a qualquer atividade interpretativa, aborda aspectos essenciais da interpretação psicanalítica, tal qual eu a entendo. Dessa concepção, vou puxar três fios a serem desenrolados ainda neste capítulo, fios que correspondem a diferentes momentos, e movimentos, da interpretação na clínica.

Luis Cláudio Figueiredo, num trabalho de inspiração heideggeriana, descarta tanto a interpretação como resgate e reprodução do sentido intrínseco, quanto como criação de um sentido totalmente novo: ambas as concepções permanecem no nível da relação sujeito-objeto, uma privilegiando o sentido objetivado e outra privilegiando o sujeito criador de sentido.

No entanto, "antes de sujeito-intérprete e objeto-da-interpretação se defrontarem efetivamente como tais, a obra já deve ter feito seu próprio caminho na constituição do sujeito, deve tê-lo *afetado*, deve ter se imposto a ele e nele engendrado experiências novas, surpreendentes, inquietantes, estimulantes, fascinantes e sedutoras, talvez dilacerantes, quem sabe angustiantes. São estas experiências com a obra, *anteriores a qualquer distanciamento e a qualquer juízo*, que vão exigir uma espécie de tradução que *configurará* o até então *inominável* e *disperso* na experiência.

Essa interpretação *responde* à obra, *fala a obra* (realiza a obra) mas ainda não *fala da obra*... ela é solicitada ao intérprete pela experiência com a obra... A partir dela podem-se elaborar novas interpretações mais distanciadas e distanciadoras, mais objetivas... Contudo, se este distanciamento foi operado precocemente... muito

60 *Palavra Pescando Não-palavra*

provavelmente dele só poderão emergir interpretações formais e estéreis, meras repetições de um já-sabido"[46].

É importante, entretanto, que a interpretação conserve a *alteridade* do outro a ser interpretado, que não o dissolva de forma a integrá-lo ao quadro de referências do intérprete e que não faça com que o intérprete se dissolva no outro: a alteridade, o encontro com o inédito e inesperado, a estranheza da experiência devem ser mantidos. É preciso que a interpretação se dê como um "encontro no meio do caminho, no horizonte constituído pelo movimento recíproco em que se abre um campo comum em que um e outro, intérprete e obra interpretada, já não são os mesmos de antes: *cada um deixou-se fazer pelo outro*, acolhendo em si a alteridade do outro e permitindo que se despertem em si as próprias alteridades ressoantes; o intérprete deixa-se fazer pela obra e, ao responder a ela, interpreta, realizando um sentido da obra que até então permanecia em estado virtual e desconhecido. Quando isso ocorre, a interpretação converte-se num *acontecimento*, num momento significativo da história do intérprete e da obra... (ela) operou simultaneamente dois movimentos: *desligou* os canais previamente estabelecidos que reuniam intérprete e obra interpretada – *rompeu* os quadros de referência de ambos – e propiciou a emergência de *novas configurações* tanto no pólo subjetivo como no da obra interpretada"[47].

O que essa concepção torna claro é que a interpretação não é revelação de um sentido existente *a priori*, como na posição

---

46 Figueiredo, L. C. – "A fabricação dos estranhos: notas sobre uma hermenêutica negativa", *Boletim de Novidades Pulsional*, nº 57, São Paulo, 1994, p. 19-20. Os grifos são meus.

47 *Idem*, p. 21. Os grifos são meus.

Ressonância, ruptura e metaforização 61

arqueológica e detetivesca, mas também não é livre construção de sentido, como na posição sustentada por Viderman. A idéia de que a interpretação é uma *resposta* que surge a partir do encontro com um outro revela o quanto ela é uma criação ancorada em algo real, numa experiência vivida em face de uma alteridade que existe, afeta e mobiliza. Mesmo que depois da experiência ambos saiam mudados, ou seja, mesmo que a interpretação construa e configure algo que não existia dessa forma até então, ela não deixa de ter um referente que está fora do intérprete e cujo sentido, se não está dado *a priori*, pelo menos está dado como possibilidade virtual. A interpretação tem que dar conta de uma *alteridade*, não pode ser pura construção. Por outro lado, a interpretação *transforma* tal alteridade, não pode ser pura reconstrução.

Os três fios – momentos-movimentos – que vou desenrolar a partir dessa concepção de interpretação serão: o momento de encontro com a alteridade, encontro que se dá antes de um distanciamento crítico; o momento da ruptura dos parâmetros habituais; e o momento da emergência de uma nova configuração.

4. O encontro com a alteridade: a atitude estética na interpretação psicanalítica

Minha hipótese é que esse primeiro momento de encontro com o outro, momento de aproximação livre, de abertura, sem a necessidade de compreensão intelectual imediata, se aproxima do tipo de contato que muitas pessoas estabelecem com obras de arte. Em outras palavras, o deixar-se afetar pelo outro e a isso responder – e aqui estamos falando da *contratransferência* – tem afinidade com o que vou chamar de *atitude estética*. Que encontro tão especial é esse? Que noção de contratransferência está sendo subentendida? Que aproximação é essa que estou fazendo entre a atitude e a escuta do analista na clínica e a atitude do "intérprete" de obras de arte?[48] Para abordar essa questão, vou ter de fazer um grande desvio e algumas pequenas incursões pela estética – a teoria sobre a arte –, mais especificamente pela teoria sobre a interpretação de obras artísticas. Vamos devagar e por partes.

Será que a maneira pela qual um analista aborda seu paciente tem afinidade com a maneira pela qual o "intérprete" das obras de arte aborda, vivencia e compreende uma obra? Interpretar um paciente é semelhante a interpretar uma obra? Para responder a isso será preciso, em primeiro lugar, discutir as relações que existem entre uma obra de arte e o discurso do paciente tal qual aparece na sessão de análise. Pensar numa afinidade entre os dois tipos de interpretação só terá sentido se alguma aproximação entre a obra de arte e a fala do paciente em análise puder ser estabelecida.

A. Interpretar um paciente é como interpretar uma obra de arte?

Freud foi o primeiro a estabelecer laços entre a obra de arte e o sonho. Para ele, ambos são formações de compromisso, produções do inconsciente, dos processos primários, assim como o chiste, o sintoma neurótico e o ato falho. Sendo análogas, todas essas produções poderiam ser interpretadas da mesma maneira, e é a partir desse pressuposto, inclusive, que são feitas as interpretações psicanalíticas das obras de arte. Ora, se há afinidades estruturais entre a obra de arte e o sonho, o

---

48 Quando falo em "intérprete" de obras de arte, penso tanto em qualquer pessoa que "recebe" e se relaciona com as obras, como nos estudiosos, críticos de arte especializados.

Ressonância, ruptura e metaforização

ato falho e o sintoma, e se a interpretação psicanalítica usada para sonhos e similares é usada também para obras de arte, nada impede que se faça o caminho inverso: as diretrizes usadas na interpretação da arte poderiam ser usadas na interpretação dos sonhos, ou da fala de um paciente na sessão analítica (associação livre). O "texto" que o paciente produz na situação analítica seria análogo a um texto literário e poderia ser interpretado nos mesmos moldes.

Na verdade, essa é uma questão polêmica, e este tipo de analogia entre "texto literário" e "discurso do paciente", com a decorrente interpretação de um pelo outro, não pode ser feito tão simplesmente. Winnicott, da parte da psicanálise, por exemplo, dizia que um paciente não é um livro ou uma obra de arte e sim uma pessoa que sofre, enquanto para Antônio Cândido, da parte da teoria literária, personagem é palavra, não carne e osso. Para esses autores, não haveria nenhuma afinidade entre interpretar um paciente e interpretar um texto literário.

André Green, por sua vez, escreve: "Não se pode dizer que o analista analisa um texto. O texto literário é o oposto do discurso analítico. É um produto altamente elaborado, mesmo quando procura dar a impressão de associação livre. O texto é retrabalhado, apagado, censurado, o produto não só da escrita, mas de uma ou mais reescritàs ... sobrecarregadas de interpretações, enquanto qualquer coisa que deixe de se adequar ao autor foi extirpada ou mutilada... Nada aqui nos lembra as condições do trabalho analítico... O texto, apesar dos esforços da moderna tipografia, se mantém ligado à linearidade. O texto é uma sucessão de frases que difere do *discurso vivo* da fala"[49].

---

49 Green, A. – "O duplo e o ausente" (1973), in *Sobre a loucura pessoal*, Rio de Janeiro, Imago, 1988, p. 320. Os grifos são meus.

As idéias desses três autores caminham no mesmo sentido, ao marcar as diferenças entre discurso do paciente e texto literário em termos de vida e não-vida, em termos de "ao vivo" e "editado". O paciente é pessoa, carne e osso, sofrimento, discurso vivo; o texto é objeto, personagem construído, discurso elaborado. Diferença radical que impede qualquer analogia. Green, no entanto, propõe uma interpretação comum para os dois campos, e sua proposta é engenhosa[50]: qualquer texto, por mais elaborado que possa ser, sempre traz *vestígios*, que despertam alguma coisa no analista-leitor e impulsionam a interpretação. A interpretação psicanalítica do texto literário só será possível se o "objeto" sobre o qual ela incidir for algo vivo, ou melhor, algo que se dê "ao vivo", ou seja, as emoções do intérprete despertadas pelo texto.

Uma afirmação como a do pintor Iberê Camargo – "eu pinto porque a vida dói" – nos faz pensar que os vestígios a que Green se refere e que despertam o analista e impulsionam a interpretação sejam justamente os *restos não elaborados* na obra, aquilo que se apresenta "ao vivo", aquilo que é presentação[51], e não representação. É a dor, a vida que dói, a emoção viva. É isso que o analista precisa sintonizar; não só a emoção dita, mas a vivida, a silenciada, a indizível; não só a

---

50 A preocupação de Green, no trabalho citado, é pensar na possibilidade de interpretar psicanaliticamente os textos literários. Essa não é a questão que estou abordando nesse momento, já que estou pensando numa dimensão estética da interpretação psicanalítica que ocorre na clínica, mas trago o pensamento dele porque auxiliará na resposta à minha questão.

51 O termo "presentação" não está no dicionário de língua portuguesa. Ele será usado aqui para se referir a coisas que não são representadas, no sentido de serem simbolizadas através de outras coisas, mas, sim, trazidas para perto, colocadas diante dos olhos, mostradas. Outros termos correlatos: "presentificação" e "apresentação".

Ressonância, ruptura e metaforização 65

dor representada, mas a presentada. É isso que o analista-intérprete precisa poder ouvir, é por isso que ele precisa deixar-se atingir e é a isso que ele precisa responder.

Para completar a discussão em relação à possibilidade de aproximação entre a interpretação psicanalítica feita na clínica e a interpretação de obras de arte, vou trazer um trabalho em que Renato Mezan tenta responder à questão de se existe algo em comum entre psicanálise e judaísmo, mais especificamente entre a interpretação psicanalítica e a interpretação dos textos bíblicos.

A interpretação rabínica parte de um postulado – a interpretação não acrescenta nada de novo ao texto bíblico, limitando-se a explicar os infinitos níveis de sua significação – e opera através de múltiplos métodos: explicação literal, alegoria, explicação sistemática de cada palavra e de cada letra, cálculo do valor numérico das palavras, generalizações a partir de casos particulares, iluminação de uma passagem por outra e assim por diante. Numa primeira comparação, portanto, ambas interpretações parecem assemelhar-se: a busca do sentido oculto, o uso de procedimentos não aceitos pela lógica formal (por exemplo, a analogia), o uso dos equívocos e dos múltiplos sentidos de uma mesma palavra, o uso do processo primário e de suas leis (condensação e deslocamento), a idéia da sobredeterminação e outros procedimentos semelhantes.

No entanto, um olhar mais atento descobre diferenças fundamentais: "A interpretação, em psicanálise, não se limita à descoberta de sentidos ocultos, nem mesmo à criação de novos sentidos; a analogia entre o discurso do paciente e o texto bíblico é muito curta, ainda que concebamos o texto como inesgotável e o discurso como infinito ... E isso por um motivo muito simples: para ser *analítica*, a interpretação precisa visar não somente o sentido latente da fala do paciente, mas ainda visar uma *transformação do espaço psíquico* no qual

66   *Palavra Pescando Não-palavra*

emerge esta fala"[52]. E Mezan prossegue na especificação da interpretação psicanalítica dizendo que seu *objeto* é o conflito defensivo e o desejo que o sustenta, e não um texto; sua *finalidade* é fazer com que o paciente aceda ao sentido latente, induzindo uma transformação psíquica no destinatário da interpretação, e não apenas possibilitar a aquisição de uma nova informação ou despertar uma emoção; e, por último, o *meio* de efetivar essa finalidade é através de vias libidinais, através dos fenômenos de transferência. Concluindo: "A interpretação analítica, em sua criação pelo analista, em sua comunicação ao paciente e nos efeitos de metabolização e de singularização que ela produz (ou pode produzir) neste paciente – três aspectos decisivos – não se aparenta à hermenêutica rabínica, mística ou filosófica. Ela resulta da liberação, no analista, dos mecanismos do *seu* processo primário ... e por isso apresenta pontos de contato com as demais produções do processo primário ou infiltradas por ele: sonhos, literatura, arte, invenção técnica ou científica – e Midrash"[53]. Pontos de contato – o que não quer dizer identidade ou mesmo semelhança.

       Em relação à analogia entre discurso do paciente e texto literário, analogia que tivemos de investigar para pensar na viabilidade de aproximar os dois tipos de interpretação, penso que tanto Green quanto Mezan trazem posições interessantes. Green não aceita tal analogia fazendo a diferença entre discurso vivo e o que chamei de "discurso editado". Mezan, por sua vez, diz que essa analogia é "curta": nos dois casos, trata-se de inesgotabilidade de sentidos e de infiltração pelo processo primário, mas isso é pouco, não justifica que se use o mesmo

---

52 Mezan, R. – *Psicanálise, judaísmo: ressonâncias*, Campinas, Escuta, 1986, p. 162-163.
53 *Idem*, p. 164.

Ressonância, ruptura e metaforização 67

conceito de interpretação para ambos. Um paciente e um texto literário têm muitas outras características além dessas duas, e cada um deles – paciente e texto – pede um tipo específico de interpretação, um tipo que respeite e que, acima de tudo, responda às especificidades e aos diferentes contextos em que a interpretação é feita. Penso que qualquer interpretação que tome um pelo outro – que tome o discurso do paciente como sendo um texto literário ou o texto literário como sendo o discurso de um paciente – será necessariamente redutora. A saída de Green para admitir a posssibilidade de interpretar psicanaliticamente um texto literário é sagaz justamente porque, em vez de tomar um texto como se fosse um paciente, toma o próprio intérprete como "paciente", e aí a interpretação pode se dar.

Assim, para concluir esse ponto, posso dizer que quando proponho uma aproximação e uma afinidade entre a interpretação na clínica psicanalítica e a interpretação de obras de arte, não estou pensando em utilizar a técnica de interpretação da arte, suas regras e diretrizes, para interpretar os pacientes no consultório.

B. Interpretando obras de arte: uma atitude singular

Talvez uma outra analogia pudesse ser feita e, a partir daí, poderíamos estabelecer uma outra forma de aproximação entre os dois tipos de interpretação. Em vez de pensar que discurso do paciente e texto literário sejam análogos, por serem formações do inconsciente, poderíamos pensar que ambos são *alteridades* com que o analista-intérprete se defronta, alteridades que são de natureza completamente diferente, mas que têm em comum o fato de afetar, atingir, mobilizar quem com elas entre em contato. O próprio Green trata disso: "Quando o analista está *cativado*, quando o trabalho, não importa o que seja, o *tocou, comoveu* ou mesmo *perturbou*. A essa altura o analista muitas vezes sente uma *necessidade* de analisar, compreender por que reagiu de tal modo, e é onde sua obra de crítica, de 'desconstrução', começa. Isso já limita o escopo do seu trabalho. Está fora de questão que ele analise um texto sob encomenda; *a solicitação só pode vir de dentro* – isto é, se alguma coisa *já aconteceu* entre o texto e o analista. A análise do texto é uma análise após o fato"[54]. Aqui reencontramos a idéia de deixar-se afetar pela alteridade e a isso responder com a interpretação.

É nesse sentido que penso ser fecunda a aproximação entre a interpretação na clínica psicanalítica e a interpretação de obras de arte: o que as pode unir é a *atitude* diante da alteridade. A atitude do analista diante de seu paciente pode ser semelhante à atitude de uma pessoa diante de uma obra de arte, de modo a podermos falar numa *atitude estética* por parte do analista no seu encontro com a alteridade que é seu paciente. E é aqui que uma incursão pela interpretação na arte pode nos ajudar a pensar.

Existe um sem número de teorias sobre a arte e o modo de interpretá-la. É um campo vastíssimo e excede os limites deste trabalho percorrê-lo todo. Vou utilizar o pensamento de alguns autores que falam disso que estou chamando de "atitude estética" diante da alteridade, e que nos permite pensar na *dimensão estética* presente no encontro analítico.

Alfredo Bosi, tratando da interpretação dos textos literários, afirma que o texto a ser lido é uma "forma" que encerra um acontecimento vivido. O acontecimento é transformado em signos e símbolos, mas essa transformação nunca se faz completamente. Há

---

54 Green, A. – *op. cit.*, p. 316. Os grifos são meus.

uma "potência simbolizante", mas não existe uma forma automática capaz de encerrar e transmitir o acontecimento aos homens: a forma está para o acontecimento assim como o nome de um homem está para a sua existência. Muito permanece como não dito, sem encontrar um signo que o nomeie.

O intérprete tenta resgatar aquele acontecimento complexo e inefável ao qual o poeta deu uma forma. Para aproximar-se dessa alteridade fugidia, deve sondar com "amorosa atenção" os vários estratos do texto. O intérprete do texto deve decifrar a relação de abertura e fechamento, tantas vezes misteriosa, que a palavra escrita entretém com o não-escrito, respeitando a mobilidade, a incerteza, a surpresa, a polivalência e a indeterminação do texto. Não se contenta com um discurso monolítico e com explanações excludentes.

O intérprete é um mediador, como um músico que domina a arte sutil de transpor melodias de um instrumento para outro, *captando as vibrações e o tom da obra*, mas desenvolvendo um estilo próprio ao transitar do texto alheio para o seu próprio. O discurso do intérprete "conserva o calor que as ondas da escrita lhe comunicaram, mas a mesma fidelidade ao texto leva-o a apartar-se do efeito imediato da leitura, e a fazer perguntas sobre o sentido daquelas figuras que não cessam de atraí-lo para o seu círculo mágico"[55]. Para ele, no entanto, esse distanciamento não pode ser alienante ou reificador: é preciso evitar que o texto nos possua, mas, também, é preciso evitar que o medo de sermos dominados faça com que dominemos o texto, destruindo-o com explicações.

Aqui já há algumas indicações preciosas sobre a atitude diante

---

55 Bosi, A. – "A interpretação da obra literária", in *Céu, inferno. Ensaios de crítica literária e ideológica*, São Paulo, Ática, 1988, p. 286.

da alteridade, atitude útil se for mantida no contato com o paciente na clínica. Trata-se de resgatar um vivido que não pôde ser totalmente nomeado. Antes do distanciamento, há o efeito imediato; antes de perguntarmos pelas emoções que sentimos no encontro, é preciso poder senti-las, simplesmente senti-las. Permitir-se ser atraído para dentro desse círculo mágico, poder perder-se, desencontrar-se, sem medo de ser dominado. É preciso poder perder o domínio, deixarmo-nos conduzir pelo outro. É preciso *entregar-se* à alteridade antes de qualquer juízo sobre ela, é preciso *ser tragado* para dentro dela, ser afetado e transformado pelo encontro com ela[56].

A atenção está presente, mas ela é amorosa: a atitude é simultaneamente intelectual e afetiva. A vontade de compreender existe, mas há respeito pelo mistério e pela incerteza. Antes de estabelecer sentidos, é preciso afinar a escuta para captar as vibrações e o tom, o calor, o vivido que a forma simbólica não pôde encerrar, o não dito. E mais: o intérprete, longe de prender-se ao texto original, desenvolve um outro texto, um texto próprio que é resposta ao original, mas que tem a marca de seu estilo pessoal. A interpretação carrega o estilo do intérprete; a interpretação recria o interpretado.

A crítica literária Berta Waldman, ao interpretar a obra de Clarice Lispector, diz: "Enquanto nomeia e designa, a palavra faz surgir, à sua sombra, a multiplicidade do que não tem nome. Ela trai no que alcança dizer e é fiel quando silencia. Para contar não os fatos, mas seus ecos e sussurros, não as personagens mas suas vibrações e intensidades, não um caminho mas instantes privilegiados e fugidios,

---

56 É mais ou menos nesses termos que Heidegger fala do contato com a obra de arte, que não tem nada a ver com a fruição de um objeto atraente, em *A origem da obra de arte*, Lisboa, Edições 70, 1992.

Ressonância, ruptura e metaforização 71

é preciso lapidar as entrelinhas, golpear a linha e aumentar o cerco de silêncio que rodeia a palavra... Se quisermos saber o que diz seu texto, devemos interrogar também o seu silêncio. Não o silêncio que se situa antes da palavra e que é um querer dizer, mas o outro, o que fica depois dela e que é um saber que não pode dizer a única coisa que valeria a pena ser dita"[57]. Temos aqui uma belíssima e precisa descrição do tipo de fala presente na análise: ao falar, o paciente está tentando nomear e designar, mas sua fala faz surgir, à sua revelia, aquilo que não tem nome, aquilo que está em silêncio. O que importa dizer e o que importa ouvir são ecos e sussuros, vibrações e intensidades, instantes fugidios. Para ter acesso a isso, o analista precisa golpear a linha, fazer explodir o sentido literal e familiar das palavras e das frases, para poder ouvir e lapidar a entrelinha, para tornar visível e audível o amorfo, o não dito. É preciso saber escutar o silêncio para poder ouvir, como nas palavras de Octavio Paz, a "outra voz". Mas é preciso, sobretudo, aceitar a impossibilidade de dizer tudo, de ouvir tudo, de compreender tudo.

Heidegger, para quem a atitude ideal diante de um texto filosófico deveria ser a mesma que diante de um quadro ou poema, assim escreve: "Deveríamos abandonar a vontade de compreensão imediata. E não obstante se imporia um escutar atento... Dou uma pista para quem quiser escutar: não se trata de ouvir uma série de frases que enunciam algo; o que importa é acompanhar a marcha de um mostrar"[58]. A atitude do analista no seu encontro com o

---

57 Waldman, B. - *Clarice Lispector: a paixão segundo C. L.*, São Paulo, Escuta, 1992, p. 121-122.
58 Heidegger, M. - "Tempo e ser" (1962), citado por Figueiredo, L. C. - *Escutar, recordar, dizer - encontros heideggerianos com a clínica psicanalítica*, São Paulo, Escuta/Educ, 1994, p. 64.

paciente deve ter esse momento-movimento tão semelhante à atitude diante de uma obra de arte. E é por isso que estou falando em *atitude estética*.

A esse respeito, lembro-me de um menino de oito anos que vinha às sessões trazendo diferentes bonecos para encenar grandes lutas. Certa vez ele trouxe o Aladim-pobre, o Aladim-príncipe, o Jafar e a pricesa Yasmin. Que riqueza de material! Que "prato cheio" para o psicanalista! Só que fiquei – só depois pude perceber – totalmente cega e surda porque estava afoitamente tentando compreender o significado daquelas cenas, daqueles personagens. Quem era o Aladim? Quem era o Jafar? A luta era contra quem? O pai? E a mãe? E eu? Eu estava diante desse "prato cheio" de símbolos e enigmas a decifrar, de conteúdos psíquicos a destrinchar, mas saí com fome, fiquei impedida de simplesmente brincar com ele, de simplesmente estar com ele, para que desse encontro pudesse surgir algo, configurar-se algo. Minha vontade de compreensão prematura, minha compulsão para interpretar, tornou-me distante dele naquela situação.

Com Luíza, a pequena menina que me deu a moeda, minha atitude pôde ser mais "estética" e menos "explicativa", o que possibilitou grande sintonia entre nós, sintonia que tornou desnecessário o uso de palavras naquele momento.

Essa outra atitude, essa outra escuta a que estou me referindo, é necessária porque só ela pode fazer surgir o inominável, o indizível pela linguagem comum: o calor, as vibrações, as tonalidades, as experiências amorfas, o silêncio. É a atitude de mergulhar no encontro com o outro, sem tentar compreender precocemente; é permitir-se capturar, mobilizar pelo outro; é não transformar o estranho e misterioso no já-sabido, é permitir que o estranho apareça em toda a sua estranheza e deixar-se sentir toda a gama de emoções que ele

Ressonância, ruptura e metaforização 73

desperta, do fascínio ao pânico. É entrar em *ressonância* com o outro e ficar atento ao que vai *ressoar*[59].

O uso da metáfora da ressonância é especialmente apropriado, pois estamos falando em captar vibrações, tons, ondas. Trata-se de captar algo que não é da ordem da linguagem discursiva; algo que vem junto com as palavras, mas que está aquém e além delas. Algo que aparece não no que é narrado, mas no que é presentificado na transferência e que vai atingir o analista e fazê-lo "vibrar", fazê-lo responder a partir do que foi tocado dentro de si – um processo que passa ao largo da linguagem comunicativa, que ocorre independente da comunicação intencional e que caminha paralelo a ela.

C. A contratransferência como ressonância

Pierre Fédida faz considerações interessantes a respeito da ressonância, quando aborda a questão da contratransferência. De fato, havíamos dito que o deixar-se afetar pelo outro e a isso responder com a interpretação subentendia uma certa noção de contratransferência. Vamos a ela[60].

---

59 *Ressonância* – "(da Física) Vibração enérgica que se provoca num sistema oscilante quando atingido por uma onda mecânica de freqüência igual a uma das suas freqüências próprias; transferência de energia de um sistema oscilante para outro quando a freqüência do primeiro coincide com uma das freqüências próprias do segundo", diz Aurélio Buarque de Holanda Ferreira, no *Novo dicionário básico da língua portuguesa Folha/Aurélio*, São Paulo, Folha de S. Paulo/Nova Fronteira, 1995.

60 A contratransferência é um tema amplo, complexo e polêmico. Neste trabalho, vou me limitar a comentar a posição de Fédida, que me parece especialmente rica para pensar minhas questões.

Para Fédida, a contratransferência é a receptividade e a ressonância por parte do analista às "tonalidades" da experiência afetiva do paciente. O analista é uma "superfície de ressonância" que dá a ver e a ouvir tais tonalidades, que as faz ressoar, dando acesso a algo que até então não era reconhecido. Essas tonalidades são justamente o irrepresentável e o impronunciável da experiência afetiva, e a interpretação, surgida a partir dessa ressonância, é a nomeação delas. Interpretar é nomear as tonalidades que intervêm num estado afetivo[61]. E tal nomeação só é possível se o impronunciável puder ser escutado a partir da ressonância, já que diretamente ele não se dá a ouvir.

A contratransferência, portanto, depende da "condição de linguagem" do analista: é preciso que haja uma disposição interna – da qual a atenção flutuante é parte – para que, nele, a linguagem seja receptiva às tonalidades, para que seja capaz de dar ressonância. O analista precisa poder deixar-se ser essa superfície de ressonância, permitir-se ser possuído pela alteridade que é seu paciente. Só assim a interpretação poderá brotar.

Fédida recorre à experiência dos artistas para falar desse aspecto da contratransferência: "O ambiente penetra-me com tanta doçura. – diz Paul Klee – A cor me possui. Não há necessidade alguma de tentar apreendê-la. Ela me possui, sei disto. Eis o sentido do momento feliz: a cor e eu somos um. Sou pintor"[62]. Não se trata, portanto, de capturar o outro, e sim de ser possuído por ele para que o encontro possa se

---

61 Fédida, P. – "Introdução a uma metapsicologia da contratransferência", *Revista Brasileira de Psicanálise*, nº 20, São Paulo, 1986.
62 Fédida, P. – "O sítio do estrangeiro", in *Nome, figura e memória. A linguagem na situação psicanalítica*, São Paulo, Escuta, 1991, p. 56.

Ressonância, ruptura e metaforização 75

dar. Não se trata de ouvir as palavras que ele diz, mas de escutar as vibrações provocadas pelas palavras que *não* foram ditas. Esse encontro ressonante, no entanto, nem sempre ocorre. Nada garante que a "freqüência" da "onda" emitida pelo paciente encontrará uma "freqüência" igual no interior do analista. Não são quaisquer pessoas que podem se encontar. É assim que Fédida se refere a suas preocupações em relação a uma nova paciente: "Hesitei muito em recebê-la porque não sabia se encontraria em mim a metáfora para cuidar dela. Às vezes sentia que sim, mas ao mesmo tempo isso me escapava logo em seguida"[63].

A interpretação, a metáfora, brota de dentro do analista, não a partir de uma atitude voluntariamente buscada, mas a partir de uma disposição que pode surgir ou não, disposição a que o analista precisa se sujeitar ao invés de dominar. De qualquer forma, a capacidade de ressonância, âmago da contratransferência e da interpretação, é uma condição que só pode surgir – se surgir – se o analista se dispuser a um contato especial com o paciente, contato em que o ser possuído e o sujeitar-se ao inesperado e incontrolável do encontro devem preceder qualquer atitude de distanciamento e reflexão posterior. É só pela ressonância que o irrepresentável poderá ganhar algum contorno e alguma voz.

5. A interpretação psicanalítica como ruptura

O outro momento-movimento da interpretação psicanalítica que vou abordar é o da *ruptura*. Fábio Herrmann foi muito feliz ao abordar a interpretação psicanalítica em termos de *ruptura de campo*. A

---

63 Fédida, P. – "Amor e morte na transferência", in *Clínica psicanalítica: estudos*, São Paulo, Escuta, 1988, p. 37.

interpretação tem o efeito de romper o conjunto dos pressupostos lógico-emocionais em que se assentava a auto-representação do sujeito, gerando uma crise de identidade e uma expectativa de se poder reestruturar noutro campo. É uma intervenção surpreendente e disruptora, que pode produzir muito impacto e angústia: "Quando um paciente perde o campo em que se apoiavam suas representações, durante uma sessão, ele entra num estado de irrepresentabilidade provisória à espera de novo campo que as organize; tal estado, a que chamo de expectativa de trânsito – de trânsito até outra representação possível –, é a raiz da angústia que se experimenta em análise, mas é também a oportunidade de vislumbrar as regras inconscientes"[64]. Importa notar que o que a interpretação rompe é um campo de representações e o que surge é o irrepresentável: ele é o angustiante, mas é a partir do contato com ele – e, como veremos, de sua nomeação – que a mudança pode se dar[65].

Pensada dessa maneira, a interpretação não aparece necessariamente como uma frase coerente e explicativa, como uma formulação verbal, podendo surgir na forma de um silêncio, um gesto, um ato, palavras soltas, frases incompletas, perguntas surpreendentes, uma risada, um tom diferente na voz. O que importa é o choque, o impacto, a surpresa, a quebra do habitual, a capacidade de produzir uma

---

64 Herrmann, F. – *O divã a passeio*, São Paulo, Brasiliense, 1992, p. 18.

65 Luis Cláudio Figueiredo trabalha nessa mesma direção, ao tratar da "fala acontecimental" que destroça e funda, que rompe e permite o "trânsito da irrupção do inominável ao *a posteriori* do sentido", em "Fala e acontecimento em análise", in *Escutar, recordar, dizer: encontros heideggerianos com a clínica psicanalítica*, São Paulo, Escuta/Educ, 1994, p. 154. Em outro texto, "Pensar, escutar e ver na clínica psicanalítica" (in *Percurso – Revista de Psicanálise*, nº 16, São Paulo, 1996), ele trata da mesma questão, ao discutir as "falas desrealizadoras", que destecem a realidade homogênea para acolher o estranho, e as "falas fenomenalizadoras", que dão uma figurabilidade mínima ao invisível e inaudível para que, antes de qualquer racionalização, algo possa vir a ser.

Ressonância, ruptura e metaforização 77

transformação pela via do estranhamento. Esse tipo de fala desestrutura o estabelecido e força uma reorganização em outras bases.

Como veremos no próximo capítulo, esse tipo de impacto – e a mudança psíquica que ele provoca – não é muito diferente do impacto que certo tipo de metáfora poética pode produzir.

Não penso que todas as interpretações tenham esse caráter e nem que todos os pacientes se beneficiariam dele. No material clínico que apresentei no capítulo anterior, as interpretações que fiz para Solange foram desse tipo. Quando falei que esquecer o assunto da sessão passada podia ser bom, eu sabia que estava dizendo algo "chocante" para ela e minha intenção foi essa mesma. Ela tem padrões tão rígidos e controlados para mover-se na vida que penso que o ataque frontal a esse modo pode ter um efeito transformador. Para uma paciente como Roberta, por exemplo, eu quase não dou interpretações desse tipo, porque só aumentariam a sua dor. Ela já está tão despedaçada, tão rompida, que qualquer movimento disruptor de minha parte poderia ser desastroso. Quando, como relatei, falei que ela tinha *só* quarenta anos, em vez de *já* quarenta anos, não deixei de estar fazendo uma "ruptura de campo", mas neste caso eu achava – poderia estar enganada – que a angústia que eventualmente surgisse poderia ser suportada por ela. Com Roberta, percebo que minhas falas são mais configuradoras do que disruptoras, e penso que, de fato, são os pacientes que "pedem" um ou outro tipo de interpretação. Afinal, a interpretação, como vimos, é uma resposta ao encontro com um outro que nos afeta e mobiliza.

6. Configuração, nomeação, metaforização

A interpretação também realiza um trabalho de *nomeação* dos afetos, de *configuração* da experiência emocional que geralmente aparece caótica e amorfa. A angústia do que não tem nome e que, portanto, não pode ser dito com palavras é a pior angústia. Nomear é configurar, é dar forma, formar. Mas não um formar no sentido de fôrma rígida e imutável. É um formar que dá um contorno mínimo ao amorfo, de modo que ele possa ser conhecido, verbalizado e metabolizado.

Isaias Melsohn, num artigo sobre os problemas comuns à teoria psicanalítica e à reflexão sobre a arte, assim escreve ao aproximar o trabalho psicanalítico do artístico: "Pensemos os momentos de luta angustiante do artista... em busca da *forma exprimível que organiza sua vivência* e inspiração. Damo-nos conta, então, do que é o caos angustiante, paranóide, do vivido inexpresso e inexprimível. A *forma que se articula e é expressa*, essa forma é que exaure a inquieta e febricitante busca; e a transforma num objeto; num objeto criado. De repente, a mando das coisas, no gesto realizado, na linha construída, na cor espalhada... de repente, nestes atos mágicos, o olhar estranho e inescrutável que as coisas lançam se transmuta em fascínio, em 'visão'; 'diante' de si e separando-se dele, algo com que estava fundido e de que em vão buscava separar-se, aparece. E, agora, coisa estranha: os dois estão separados e unidos de uma outra forma"[66].

A vida psíquica tem dimensões irrepresentáveis, indizíveis, inacessíveis para a linguagem comum. Como diz Riobaldo em "Grande Sertão: Veredas": "Muita coisa importante falta nome". A interpretação psicanalítica – forma exprimível que organiza a vivência – tenta nomear esse indizível, ainda que só possa fazê-lo fugaz e precariamente. Mas não é qualquer palavra que é apta para realizar essa nomeação. Trata-se de

---

66 Melsohn, I. – "Notas críticas sobre o inconsciente. Sentido e significação. A função expressiva e a constituição do sentido", *Revista Ide*, nº 21, São Paulo, 1991, p. 42-43. Os grifos são meus.

Ressonância, ruptura e metaforização

uma palavra especial, palavra que tem o poder de tangenciar e roçar as experiências sem nome. E essa palavra, como espero mostrar, é a palavra poética, a metáfora poética. Só ela tem condições de se aproximar dessa dimensão da vida psíquica. É por isso que Freud, já nos "Estudos sobre a Histeria", reconhecia que a natureza de seu objeto o obrigava a usar uma linguagem literária. A vida psíquica chama a poesia.

Rodrigo, um garoto de treze anos, foi deixado pela mãe: ela foi morar em outra cidade e avisou o filho, um dia antes da partida, que agora ele passaria a morar com o pai e sua nova mulher. Este casal o traz para mim, já que ele chora muito. O pai chega em casa tarde e mal vê ou conversa com o filho; marcar entrevista com ele é sempre difícil, porque ele "nunca pode".

Certa vez, ele chegou à sessão dizendo que estava cansado e com fome; veio direto da escola e não comeu nada. Eu, então, disse que poderia dar umas bolachas minhas para ele, mas ele recusa. Fiquei pensando na minha oferta, já que nunca fiz algo assim; acho, inclusive, totalmente descabido uma analista ir buscar bolachas para o paciente. O que se passou comigo? Por que eu quis alimentá-lo? O que estava ressoando?

A situação de abandono dele sempre me comoveu e sinto mesmo vontade de acolhê-lo com carinho, de embalá-lo, de matar sua fome. A partir desse meu "deslize", pude formular e nomear, nessa mesma sessão, algo que fez um enorme sentido para nós dois: ele sente "fome de amor".

Pierre Fédida[67] faz reflexões preciosas sobre essas questões. Para ele, a linguagem na situação analítica não é instrumento de comunicação ou de significação, ou seja, não tem a mesma natureza

---

67 Para elaborar esta exposição, utilizarei os seguintes trabalhos de Fédida: "Do sonho à linguagem", "O sítio do estrangeiro" e "A ressonância atonal. Sobre a condição de linguagem do analista". Todos fazem parte da coletânea *Nome, figura e memória. A linguagem na situação psicanalítica*, já citada.

80   *Palavra Pescando Não-palavra*

que tem nas situações cotidianas. Nestas, a linguagem apenas descreve ou representa as coisas, enquanto na outra a linguagem tem outros poderes, que aparecem justamente quando as palavras se libertam de suas significações habituais e se abrem para um outro dizer. Na linguagem comunicativa, a fala vive sua "impotência para falar", torna-se "surda-muda"; a fala "se esmaga contra uma parede de concreto" e as coisas ficam distantes.

As "coisas", entretanto, lançam "mudos pedidos" para serem faladas, mas fora de sua significação habitual. Para "olhar" e "escutar" as coisas nessa outra perspectiva, é preciso estar à "justa distância", nem muito perto, nem muito longe, fundamentalmente numa distância que abole a familiaridade sem, no entanto, inviabilizar o contato. É preciso estar no que ele chama de "o sítio do estrangeiro".

É só na justa distância que será possível *imitar* em vez de *copiar* as coisas. A cópia é a descrição, a representação familiar que emudece, cega e ensurdece. A imitação (mimese), por sua vez, torna a coisa presente singularmente, sem familiaridade; torna presente sua "energia íntima", seu "movimento rítmico", sua "tonalidade intrínseca". Fédida recorre a um dito de Paul Klee para desenvolver sua idéia: "A pintura não deve reproduzir o visível, mas *tornar visível*". A imitação torna visível, torna as coisas à linguagem. A imitação dá um nome, *nomeia*. A cópia torna a coisa anônima, sem nome.

É o nome, a *metáfora*, que pode ir além dos umbrais da significação e da comunicação, que, em vez de exprimir-se ou fazer-se compreender, *dá visibilidade*, tem o poder de suscitar figuras e permite o "retorno às coisas mesmas". Se a palavra "significa" a coisa, afasta-se dela, enquanto quando a palavra "nomeia", a coisa permanece por perto. A palavra comum mantém as coisas no sono; o nome as desperta. A metáfora é a palavra pronunciada que contém, que dá a ouvir, o

Ressonância, ruptura e metaforização 81

impronunciável. Ela nos convida a um movimento diferente que o de compreender um significado.

Inspirando-se no poeta Hölderlin, para quem a metáfora revela o *tom* da alma, a *tonalidade fundamental*, Fédida escreve que a metáfora é essa "imagem singular que condensa em um tom a atmosfera de todas as sensações particulares desse encontro com as coisas que o fenômeno é"[68]. A metáfora tem o poder de trazer à luz justamente o que uma palavra descritiva não pode: tons, sensações, atmosferas. O nome faz ressoar aquilo que vê, toca e sente. "A atividade poético-metafórica de uma fala consiste na transformação das coisas em uma visibilidade que apenas a estética pode apreender e descrever"[69].

O analista – para falarmos agora de como isso tudo se dá na clínica psicanalítica – deve ficar nesse sítio do estrangeiro, nessa justa distância em que a familiaridade é abolida a favor da "intimidade", nesse lugar da não-resposta e do silêncio, um silêncio que não é vazio e sim mobilidade e vigília, um silêncio que é ruptura com a comunicação habitual. É a partir desse lugar que um tipo especial de escuta e de fala pode ocorrer. Esse é o sítio do dito poético, o lugar de engendramento da metáfora, do advento da fala. Fédida recorre ao que Cézanne pensa sobre o ofício do pintor para falar desse lugar tão especial: "Toda sua vontade tem que ser de silêncio. Ele deve fazer com que nele se calem todas as vozes dos preconceitos, esquecer, esquecer, fazer silêncio, ser um eco perfeito"[70]. É daí que a pintura vai brotar, que a metáfora vai nascer e que a palavra do analista vai emergir.

---

68 Fédida, P. – "A ressonância atonal. Sobre a condição de linguagem do analista", *op. cit.*, p. 192.
69 Fédida, P. – "O sítio do estrangeiro", *op. cit.*, p. 57.
70 Cézanne – "Conversations avec Cézanne", citado por Fédida, P. – "A ressonância atonal ...", *op. cit.*, p. 191.

A "alma" do analista, diz Fédida, assim como a "alma" do artista, é "uma *superfície de ressonância da linguagem* onde se forma o nome das coisas"[71]. As palavras do analista são engendradas em *ressonância* com as tonalidades afetivas do escutado, se ele puder estar nessa justa distância, nesse silêncio, nessa não familiaridade. Só assim ele será capaz de formular o nome próprio, a metáfora singular.

A linguagem do analista tem uma "potência poética e poiética". Suas palavras têm um poder metafórico-poético e um poder *poiético*, na medida em que são uma recriação constante de sentido[72]. A fala do analista, se for engendrada nesse sítio do estrangeiro, liberta o poder que as palavras têm de ir além da comunicação e da significação: dá a palavra para as palavras comuns. Torna-se possível, então, ouvir o que as palavras dizem "sem querer". A fala pode falar e escutar-se naquilo que diz sem saber; as palavras ressoam. Há, assim, uma abertura para o desconhecido, o que é uma das fontes da angústia que se sente no processo analítico.

A palavra do analista tem a função de metáfora, a função de dar nome, que é diferente da função de descrever ou designar. A nomeação torna visível, introduz as palavras que falam o afeto e suas tonalidades sem, no entanto, fazer um discurso sobre ele. A nomeação torna possível a *circulação* do afeto: através da metáfora singular, o que é vivido recebe reconhecimento, encontra seu lugar e pode circular livremente.

É importante marcar, para encerrar este capítulo, que a metaforização que a interpretação psicanalítica produz não se dá pelo simples fato de usar metáforas na fala. A metaforização no nível psíquico

---

71 Fédida, P. – "A ressonância atonal ...", *op. cit.*, p. 192.
72 O termo grego *poiésis* significa "criação".

Ressonância, ruptura e metaforização 83

é um processo que pode se dar sem que se usem metáforas. Por outro lado, não basta empregar metáforas na fala para obter um efeito de metaforização psíquica. É claro que a metáfora é a figura de linguagem que mais condições tem para metaforizar; no próximo capítulo, veremos em detalhe como ela opera. No entanto, a metaforização é um processo que, embora precise do estudo da metáfora para ser compreendido, ganha contornos peculiares quando se dá no nível psíquico. Trataremos dessa questão no capítulo final deste trabalho.

CAPÍTULO III
NA LATA DO POETA CABE O INCABÍVEL: A METÁFORA

Uma lata existe para conter algo,
Mas quando o poeta diz lata
Pode estar querendo dizer o incontível

Uma meta existe para ser um alvo,
Mas quando o poeta diz meta
Pode estar querendo dizer o inatingível

Por isso não se meta a exigir do poeta
Que determine o conteúdo em sua lata
Na lata do poeta tudo-nada cabe,
Pois ao poeta cabe fazer
Com que na lata venha caber
O incabível

Deixe a meta do poeta, não discuta,
Deixe a sua meta fora da disputa
Meta dentro e fora, lata absoluta
Deixe-a simplesmente metáfora.

"Metáfora"
GILBERTO GIL

A metáfora é uma figura de linguagem que aparece em diferentes discursos – na linguagem cotidiana, na poesia e na prosa literária, na ciência, na filosofia, na história e na religião – e é estudada por diferentes disciplinas – pela teoria literária e poética, pela lingüística e pela filosofia. Nos últimos cinqüenta anos, o interesse pela metáfora tem sido intenso, com diferentes autores debruçando-se sobre ela e formulando as mais

86   *Palavra Pescando Não-palavra*

diversas teorias. A metáfora tem, inclusive, ocupado posição privilegiada mesmo em relação às demais figuras de linguagem, como a metonímia, a sinédoque e a hipérbole, dentre outras. No ano de 1978, foi realizado em Chicago um simpósio cujo tema era "Metáfora: O Salto Conceitual", que contou com a participação de pensadores como Paul Ricoeur, Donald Davidson, Paul de Man, Max Black, Nelson Goodman, W.V. Quine e outros, o que mostra a relevância e a atualidade da questão[73].

Minha intenção neste capítulo é percorrer alguns pontos desse vastíssimo campo, de modo a obter subsídios para pensar a metáfora tal qual surge na clínica psicanalítica, e mais especificamente na interpretação, na fala do analista.

O "Dicionário da Língua Portuguesa Folha-Aurélio" traz a seguinte definição para metáfora: "Tropo que consiste na *transferência* de uma *palavra* para um âmbito semântico que não é o do objeto que ela designa, e que se fundamenta numa relação de *semelhança* subentendida entre o sentido próprio e o figurado"[74]. Aqui já há uma observação a ser feita: a palavra metáfora vem do grego *metaphorá*, que significa *transporte*. O termo "transferência" (*trans-fero*), por sua vez, vem do verbo latino *fero*, que significa o mesmo que *phorá* em grego: levar, carregar, portar. Assim, embora metáfora seja também transferência, vou adotar como tradução "transporte", que é um termo mais coloquial, menos técnico[75].

---

73 Os textos desse simpósio foram publicados numa coletânea que foi uma de minhas fontes para a elaboração deste capítulo: Sacks, S. (org.) – *Da metáfora*, São Paulo, Educ-Pontes, 1992. Outro livro que me serviu de guia foi o de Cooper, D. E. – *Metaphor*, Cambridge, Basil Blackwell Publisher, 1986.

74 Buarque de Holanda Ferreira, A. – *Novo dicionário básico da língua portuguesa Folha/Aurélio*, São Paulo, Folha de S.Paulo/Nova Fronteira, 1995. No mesmo dicionário: tropo é "emprego de palavra ou expressão em sentido figurado". Os grifos são meus.

75 Fica registrada, entretanto, a afinidade entre os termos "metáfora" e "transferência", ainda mais que a transferência é um conceito fundamental na psicanálise, e que, como veremos, a transferência, da perspectiva psicanalítica, é uma metáfora.

Na lata do poeta cabe o incabível   87

Para dar um exemplo: se digo que Roberta *vomita* seu ódio, estou usando uma metáfora, porque transportei a palavra "vomitar" do âmbito digestivo para o psíquico, subentendendo que em ambos os contextos se trata de um movimento expulsivo. Aristóteles foi o primeiro a estudar a metáfora. Suas afirmações já foram muito estudadas e questionadas, mas as idéias de *transporte* e de *semelhança* como base da metáfora, que são ainda hoje as mais usadas para pensar essa figura de linguagem – basta ver, por exemplo, a definição acima encontrada no dicionário –, foram formuladas por ele séculos atrás. É na "Poética" que ele escreve: "A metáfora consiste no *transportar* para uma coisa o *nome* de outra, ou do gênero para a espécie, ou da espécie para o gênero, ou da espécie de uma para a espécie de outra, ou por *analogia*"[76]. E em outro texto: "Uma boa metáfora implica uma percepção intuitiva da *semelhança* entre coisas dessemelhantes"[77]. Um dos exemplos que ele traz: a tarde é a velhice do dia.

Para Aristóteles, o uso de metáforas é o que distingue a "linguagem vulgar e comum" da linguagem poética. A linguagem comum é "claríssima, mas baixa", enquanto a qualidade essencial da poesia é ser enigmática e elevada. Para ele, a característica do enigma é coligir absurdos e dizer coisas acertadas: a metáfora diz a verdade, o que pode ser visto se ela for substituída por palavras de uso comum.

Nessas poucas idéias já estão contidas as grandes questões que a metáfora suscita, questões que pretendo abordar ao longo do trabalho. A idéia de transporte implica o quê? Por que transportar o nome de

---

76 Aristóteles – *Poética*, São Paulo, Abril Cultural (Os Pensadores), 1984, p. 260. Os grifos são meus.
77 Aristóteles – *Retórica*, citado por Bosi, A. – *O ser e o tempo da poesia*, São Paulo, Cultrix, 1993, p. 30. Os grifos são meus.

uma coisa para outra? Por que usamos metáforas? O que significa perceber o semelhante no dessemelhante? Qual a operação que a metáfora realiza? O que resulta dessa operação? E ainda: qual a diferença entre a linguagem comum e a linguagem poética? O traço distintivo seria a metáfora, tal como Aristóteles afirma? É a presença da metáfora que torna uma fala poética? O que a metáfora provoca numa fala em que está presente? Elimina a clareza e introduz o enigma? Eleva, orna, enfeita? E mais ainda: a metáfora diz a verdade? O que ela busca é dizer uma verdade? O que a metáfora "diz"? E o que ela diz poderia ser dito por palavras de uso comum, como afirma Aristóteles?

Na verdade, essas questões não se distanciam das que eu levantei quando apresentei o material clínico. Por que usar metáforas na interpretação psicanalítica? Como elas operam? Que efeito produzem? Podemos prescindir delas? Seria possível usar uma linguagem mais literal? De onde vem a força e o poder de uma fala metafórica na análise? A metáfora apenas descreve uma situação, ou tem também a capacidade de introduzir algo novo? A metáfora tem poder transformador? Ou seria apenas um artifício para embelezar a fala e seduzir o analisando? O uso de metáforas na interpretação psicanalítica confere a esta um caráter poético? Qual a diferença entre as metáforas usadas na fala cotidiana, na fala científica, na fala poética e na fala analítica? Qual a natureza das metáforas usadas no diálogo analítico?

Voltarei adiante a Aristóteles e à definição de metáfora, mas, para começar a responder a essas questões todas, vou fazer um pequeno percurso histórico-epistemológico em torno do conceito de metáfora, percurso breve e durante o qual vou me deter apenas nas paragens que me parecem mais significativas.

1. Um pequeno percurso histórico-epistemológico

Locke, ainda no século XVII, mas bem depois de Aristóteles, faz sobre o uso da linguagem figurada afirmações que são exemplares de um tipo de atitude diante da metáfora: "Já que o engenho e a imaginação encontram maior receptividade neste mundo do que a verdade crua e o conhecimento real, a linguagem figurada e alusiva dificilmente será aceita como imperfeição ou abuso. Eu confesso que, em discursos nos quais procuramos o prazer e o deleite em vez de informação e aperfeiçoamento, tais ornamentos que neles se originam dificilmente são vistos como defeitos. Porém, se falarmos das coisas como são, devemos admitir que toda a arte da retórica, além de ordem e clareza, e todo o emprego figurado e artificial de palavras inventado pela eloqüência servem apenas para insinuar idéias erradas, estimular as paixões, induzir o juízo a erro, e são, portanto, verdadeiro embuste. Não importa quão permissível ou louvável a oratória possa torná-lo em discursos bombásticos ou populares, deve, sem dúvida, ser evitado em todos os discursos que procuram informar e instruir; e, no que tange à verdade e ao conhecimento, só pode ser considerado como um defeito imenso, tanto da linguagem, quanto da pessoa que dele faz uso... É evidente como os homens adoram enganar e ser enganados, visto que a retórica, aquele instrumento poderoso de equívoco e engano, tem seus defensores ilustres, é ensinada publicamente e sempre gozou de boa reputação... A eloqüência, como o sexo frágil, é provida demais de beleza para sofrer qualquer crítica. E é inútil criticar aquelas artes do engano nas quais os homens se deleitam em se enganar"[78].

---

78 Locke – "An essay concerning human understanding" (1690), citado por Cohen, T. – "A metáfora e o cultivo de intimidade", in Sacks, S. (org.) – *op. cit.*, p. 10.

A metáfora é embuste, abuso, imperfeição, defeito, engano, equívoco. Insinua idéias erradas, induz o juízo a erro e está completamente distante da verdade e do conhecimento, da informação, das coisas como realmente são. É puro ornamento que serve ao prazer e ao deleite, que está do lado da mera imaginação. E essa característica é extremamente perigosa, já que a metáfora, por ser bela demais, estimula paixões e impede a crítica. Aqui estão condensadas críticas fundamentais ao uso da metáfora. Ela é um engano, porque diz que uma coisa "é como" uma outra, em vez de dizer o que a coisa "é"; ilude, pois parece ser uma definição quando na verdade é uma máscara que escamoteia as condições reais. A metáfora é engano e engana. Ela tem o poder de enganar justamente porque, diante dela, o indivíduo perde a capacidade crítica, já que está seduzido por sua beleza. A metáfora fascina, mas não informa; não veicula nem conhecimento, nem verdade e nem realidade. Nela, a reflexão é substituída por uma imagem, que é epistemologicamente inferior. Ela convence porque seduz. É perigosa. Deve ser eliminada dos discursos que procuram informar ou instruir, ou pelo menos deve limitar-se a enfeitá-los, abstendo-se da pretensão de veicular qualquer tipo de verdade ou conhecimento.

Já Nietzsche, num pólo oposto, tem uma concepção bastante diferente sobre a metáfora. Para ele, a metáfora é nosso modo original e fundamental de responder ao mundo com palavras. Ela é anterior à chamada linguagem literal; esta não passa de metáfora congelada, metáfora que perdeu sua força sensível. Não é minha intenção penetrar com profundidade no pensamento de Nietzsche, mas apenas marcar a existência de outras posições, diferentes das assumidas por Locke. Nestas, a metáfora é altamente valorizada; é o modo fundamental de relação com as coisas, e nessa medida, em vez de ser puro ornamento sedutor, é via de acesso à verdade, à realidade e ao conhecimento.

Na lata do poeta cabe o incabível 91

Também para Vico, filósofo do século XVII, os homens primitivamente falaram por poesia; a metáfora, portanto, não é enfeite, refinamento tardio, mas fruto de uma necessidade ineludível de expressão[79].

As idéias de Nietzsche e de Vico sobre a primazia da metáfora mereceriam uma análise mais detalhada, que excede os limites deste trabalho; elas figuram aqui apenas como pequeno e inicial contraponto para as críticas iluministas à metáfora. Meu argumento será desenvolvido com base em outras referências. Pretendo mostrar que a metáfora nem é puro ornamento, nem é enganosa; pode veicular conhecimento e verdade, embora seja preciso discutir exatamente que tipo de conhecimento e de verdade ela pode conter. A metáfora pode alcançar coisas que uma linguagem mais literal não alcança. Não só não deve ser banida dos discursos "sérios", como sua presença neles é necessária e inevitável[80].

Max Black, nos anos cinqüenta, dedicou-se especificamente ao estudo da metáfora e foi o responsável por uma reviravolta nessa área, até então dominada por idéias mais próximas às de Locke do que às de Nietzsche e Vico[81]. Para ele, o papel essencial da metáfora é cognitivo: temos necessidade de explicar e compreender através de comparações, e a metáfora é o instrumento ideal para isso. Ela é um "modelo" que ajuda na compreensão e na descrição de um objeto ainda indefinido. Quando dizemos que "átomos são sistemas planetários em miniatura",

---

79 As referências sobre Nietzsche foram obtidas em Cooper, D. E. – *op. cit.*, e as referências sobre Vico foram obtidas em Meneses, A. B. – *Do poder da palavra: ensaios de literatura e psicanálise*, São Paulo, Duas Cidades, 1995.
80 Paul de Man, em um trabalho interessante, mostra que mesmo Locke não se livrou das metáforas: "A epistemologia da metáfora", in Sacks, S. (org.) – *op. cit.*
81 Para falar sobre Max Black, vou me basear em Black, M. – "Como as metáforas funcionam: uma resposta a Donald Davidson", in Sacks, S. (org.) – *op. cit.*, em Cooper, D. E. – *op. cit.*, e em Cohen, T. – *op. cit.*

92   *Palavra Pescando Não-palavra*

por exemplo, estamos construindo um modelo para melhor entendermos o que são átomos. Black baseia-se, como se vê, na maneira pela qual a ciência constrói o conhecimento e afirma que a metáfora é um instrumento essencial no estágio embrionário das teorias. É sua a afirmação[82]: "Talvez toda ciência deva começar com a metáfora e terminar com a álgebra; e talvez sem a metáfora nunca tivesse havido qualquer álgebra"[83].

A teoria da metáfora de Black foi muito importante porque, ao argumentar a favor da capacidade cognitiva da metáfora, tirou dela o caráter meramente decorativo e acessório que tinha até então. No entanto, ao enfatizar e valorizar exclusivamente o aspecto cognitivo, deixou de lado outras coisas que a metáfora "faz", coisas tão ou mais fundamentais do que promover conhecimento intelectual, descrever uma realidade ou afirmar algo verdadeiro. A metáfora dos átomos como sistemas planetários em miniatura é não só um modelo útil para a compreensão dos átomos, como também um excelente exemplo de

---

82   Black, M. – "Models and metaphors", citado por Spence, D. – *A metáfora freudiana: para uma mudança paradigmática na psicanálise*, Rio de Janeiro, Imago, 1992, p. 19.
83   A propósito, o uso que Freud fazia das metáforas e dos modelos ia nessa mesma direção. Para ele, o uso de metáforas era um estágio necessário no processo de construção de conhecimento científico: "Temos ouvido... que uma ciência deve ser construída sobre conceitos básicos, claros e definidos com precisão. Na realidade, nenhuma ciência, nem a mais exata, começa por tais definições. O verdadeiro início da atividade científica consiste na descrição de fenômenos, que depois são agrupados, ordenados e relacionados entre si. Nessa descrição é inevitável aplicar ao material certas idéias abstratas extraídas de diversos setores, e não só da observação do novo conjunto de fenômenos descritos... No princípio, (essas idéias) apresentam certo grau de indeterminação... Possuem o caráter de convenções, e tudo depende de que não sejam escolhidas arbitrariamente, mas que sejam determinadas por relações importantes com o material empírico... Só depois de uma investigação mais profunda do campo dos fenômenos, será possível precisar seus conceitos básicos científicos e modificá-los progressivamente de maneira a

Na lata do poeta cabe o incabível 93

uso de metáforas para a construção de conhecimento científico. Mas metáforas como "meu ex-marido me detonou", como disse minha analisanda, ou como "compositor de destinos, tambor de todos os ritmos", como escreveu Caetano Veloso sobre o tempo, escapam dessas categorias. E é a partir daqui que vou desenvolver meu argumento[84]. A metáfora não é um simples enfeite, embora freqüentemente seja bela e proporcione prazer estético. Tampouco é apenas um instrumento para promover saber intelectual, embora muitas vezes também alcance essa dimensão. A metáfora vai além disso, realiza algo mais, e será justamente esse "algo mais" que vai nos permitir pensar o seu lugar na interpretação psicanalítica.

2. A dinâmica da metáfora

Voltemos, então, às definições de metáfora encontradas no dicionário e em Aristóteles. O núcleo delas é formado pelas idéias de

---

estender sua área de aplicação ... Este poderá ser o momento de concretizá-los em definições". *As pulsões e suas vicissitudes* (1915), in Obras Completas de Sigmund Freud, Madri, Biblioteca Nueva, 1973, tomo II, p. 2039, tradução livre. Num outro texto, Freud escreve: "Acredito ser desnecessário desculpar-me pela imperfeição dessas imagens... Essas comparações não têm outro objetivo que o de auxiliar-nos na tentativa de chegar à compreensão da complicada função psíquica total... Acredito que podemos dar livre curso às nossas hipóteses, desde que conservemos uma imparcialidade de julgamento perfeita e não tomemos nossos andaimes por um edifício de absoluta solidez. Como o que necessitamos são representações auxiliares que nos ajudem a conseguir uma primeira aproximação a algo desconhecido, nos serviremos de material mais prático e concreto". A *interpretação dos sonhos* (1900), cap. 7, in *op. cit.*, tomo I, p. 672, tradução livre.

84 Paul Ricoeur, em sua "teoria semântica da metáfora", acata a posição assumida por M. Black, de que ela veicula informação e verdade, mas acrescenta que nesse processo a imaginação e os sentimentos estão presentes: "O processo metafórico como cognição, imaginação e sentimento", in Sacks, S. (org.) – *op. cit.*

transporte e de *semelhança*: a metáfora transporta com base numa semelhança, numa analogia. E o que ela transporta? A metáfora transporta a *palavra*, o *nome* de uma coisa para outra. Uma palavra que geralmente é usada num determinado contexto é transportada para outro. A palavra é desligada do uso literal, previsível e banal, e passa a ser usada num contexto original, singular e inusitado. É um uso inédito das palavras, que revela novas possibilidades para palavras já gastas pelo uso corriqueiro, que as abre para novos e inesperados significados. É o que acontece quando falo que Roberta *aborta* nossa relação. Esse transporte pode provocar toda uma gama de reações em quem ouve a metáfora: impacto, estranheza, espanto, inquietação, angústia, mas também emoção, encanto, prazer, fascínio. A palavra assim transportada adquire uma potência incomum.

E prosseguindo: por que há esse transporte? O transporte é a tentativa de apreender uma alteridade que não tem nome, o transporte é o movimento através do qual tal alteridade ganha um nome. Usamos a metáfora em vez de uma linguagem mais literal justamente devido à natureza da experiência, do objeto, do fenômeno, da alteridade. É quando estamos diante de uma experiência que não tem nome, indizível, impensável, inefável. Uma experiência não captável pela linguagem comum, pela linguagem designativa, representativa. É por isso, inclusive, que a metáfora não pode ser parafraseada, não pode ser substituída por outras palavras, não pode ser traduzida para uma linguagem literal.

A filósofa Susanne Langer, discípula de Ernst Cassirer, tem idéias que podem ilustrar esse ponto. Diz ela: "Onde falta uma palavra precisa para designar a novidade que o locutor gostaria de salientar, ele recorre aos poderes da analogia lógica, utilizando uma palavra que denota outra coisa, que é um *símbolo presentificador* para a coisa a que ele se refere; o contexto evidencia que ele não pode estar significando a coisa

Na lata do poeta cabe o incabível   95

literalmente denotada, e precisa indicar outra coisa simbolicamente...
Em uma genuína metáfora, uma imagem do significado literal é nosso
símbolo para o significado figurativo, a coisa que não tem um nome
próprio"[85]. E adiante: "Toda experiência nova, ou idéia nova a respeito
de coisas, provoca antes de mais nada uma expressão metafórica"[86].
Assim, quando a "coisa" não tem nome, quando não se pode,
portanto, falar literalmente, usamos uma palavra-metáfora. A metáfora é
uma palavra peculiar, é um *símbolo presentificador* usado para aludir a
experiências para as quais faltam *símbolos discursivos*. Para compreender
melhor essas idéias, temos que nos familiarizar com outros conceitos do
pensamento de Susanne Langer[87]. Para ela, os símbolos, as "formas
simbólicas", podem ser discursivas (representativas) ou não discursivas
(expressivas ou presentificadoras). A construção dos símbolos discursivos
é mediada pelas funções lógico-gramaticais da linguagem, e o resultado é
veicular um saber organizado através de análises e sínteses intelectuais, em
que objetos não presentes são simbolicamente representados. As formas
simbólicas discursivas são os instrumentos intelectuais usados na ciência.

As formas simbólicas não discursivas, por sua vez, embora
tenham funções representativas, são impregnadas pelos componentes
expressivos, que se ligam à percepção da *tonalidade afetiva* das

---

85 Langer, S. – *Filosofia em nova chave*, São Paulo, Perspectiva, 1989, p. 143-144. A
    expressão original *presentational symbol* foi traduzida nesta edição por "símbolo
    apresentativo", mas preferi adotar a tradução que Isaias Melsohn propõe: "símbolo
    presentificador".
86 *Idem*, p. 145.
87 Isaias Melsohn foi quem primeiro usou as idéias de Susanne Langer para pensar a
    experiência psicanalítica. Nesta exposição, vou me basear em seu artigo "Notas
    críticas sobre o inconsciente. Sentido e significação. A função expressiva e a
    constituição do sentido" (*Revista Ide*, nº 21, São Paulo, 1991), já que meu
    conhecimento sobre a obra e as idéias desta filósofa é muito limitado e superficial.

96 *Palavra Pescando Não-palavra*

experiências. Tais formas não discursivas não representam e sim "presentam", presentificam a textura emocional do mundo: uma mera presença é totalmente diferente de uma representação. É um setor específico da relação homem-mundo, setor irredutível ao saber intelectual: é o que se passa no domínio da arte, do mito, da religião, do sonho, da neurose. E também no domínio da metáfora.

Ainda segundo a filósofa, o *sentimento*, que diz respeito às experiências afetivas, às qualidades expressivas, não pode ser expresso através de formas simbólicas discursivas. O discurso, a linguagem comum, designativa, representativa, não alcança o sentimento. É a arte – e a metáfora – enquanto forma simbólica não discursiva, que pode fazer com que o sentimento se expresse. Para Langer, a arte é a tentativa de encontrar uma "forma lógica" para o sentimento. Para ser expresso, é preciso que o sentimento se vincule a uma forma articulada e lógica, embora se trate de uma lógica analógica, diferente da lógica que rege a representação. O propósito da arte é justamente criar essas formas. A metáfora é uma delas: "O artista vê e percebe as 'formas internas' do sentimento e lhes dá expressão, tornando-as perceptíveis para nós, nas 'formas externas' da poesia, da pintura, da escultura e da música... O artista é aquele que 'sabe' ver a vida do sentimento, o modo como ele surge e se desenvolve, como ele cresce e declina, como ele exibe tensões e oposições; e ele cria uma *imagem* desses acontecimentos na forma artística que ele constrói. Vale dizer, o dinamismo e o ritmo das formas criadas são *como* a dinâmica e o ritmo, a ascensão e a queda inerentes no sentimento"[88].

Resumindo, a metáfora é a forma não discursiva construída para dar conta das experiências afetivas, expressivas, irrepresentáveis. A

---

88 Langer, S. – "Mind: an essay on human feeling" (1967), citada por Melsohn, I. – *op. cit.*, p. 40.

Na lata do poeta cabe o incabível 97

metáfora não representa, mas "presenta" o sentimento indizível. A metáfora "sabe ouvir" o indizível e pode trazê-lo para perto. A metáfora enquanto forma criada corporifica o irrepresentável.

Retomemos agora nosso percurso: por que usar metáforas? Por que o transporte de nome? Usamos a metáfora para tentar apreender uma experiência indizível. A metáfora, diferente da linguagem designativa, pode tangenciar o indizível, pode pescar a não-palavra. Como nos sugere Clarice Lispector: "Então escrever é o modo de quem tem a palavra como isca: a palavra pescando o que não é palavra. Quando essa não palavra morde a isca, alguma coisa se escreveu"[89].

Já tratamos do transporte. E a semelhança? A metáfora transporta com base numa semelhança. O nome transportado designa algo que tem semelhança com a experiência a ser nomeada, mas não é o nome próprio dela. A relação de semelhança sugere um contato tangencial, não uma identidade. O nome não designa ou descreve a experiência, o nome transportado alude, insinua, sugere. A metáfora não representa, não reproduz, não copia; ela presenta, imita, mimetiza, capta a energia íntima e, retomando os termos de Susanne Langer, percebe as 'formas internas', a dinâmica e o ritmo da experiência. E aqui voltaremos a Aristóteles, para quem a poesia e a metáfora são *mimese* (geralmente traduzido por imitação): "A epopéia, a tragédia, assim como a poesia ditirâmbica e a maior parte da aulética e da citarística, todas são, em geral, imitações... Todas elas imitam com o ritmo, a linguagem e a harmonia... (Elas) imitam caracteres, afetos e ações"[90].

---

89 Lispector, C. – "A pesca milagrosa", in *Para não esquecer*, São Paulo, Ática, 1984, p. 20.
90 Aristóteles – *Poética, op. cit.*, p. 241.

98   *Palavra Pescando Não-palavra*

A mimese não é cópia, representação ou reprodução do objeto; ela é "presentação", é tornar o objeto presente singularmente, como diz Fédida; é tornar visível, como diz Klee; é tornar presente sua energia, sua tonalidade, seu ritmo. Nessa medida, não é cópia e sim criação de algo novo. Nas palavras de Octavio Paz: "Imitar (mimese) não significa copiar um original... mas toda ação cujo efeito é uma *presentificação*. E o efeito de tal imitação... será um objeto original e nunca visto, ou nunca ouvido, como uma sinfonia ou uma sonata"[91].

Esse aspecto é importante porque uma das críticas que se faz à metáfora é o fato de ela não dizer como as coisas realmente são. Ela engana, escamoteia, diz que uma coisa é outra. De fato, como estamos vendo, a metáfora não define diretamente, não diz como as coisas realmente são. Ela se baseia numa semelhança e não numa identidade: imita e acaba criando um outro objeto, que não é absolutamente uma cópia do objeto original. No entanto, esse fato, longe de desmerecer a metáfora, revela toda a sua força. As coisas a que a metáfora se refere não podem mesmo ser definidas diretamente, justamente porque têm essa natureza específica de serem indizíveis. Assim, trazer as coisas para perto através da imitação mimética, da presentificação, da presentação, já é um ganho, e não uma falha da operação metafórica. É a única maneira de aproximar-se um pouco de experiências que de outra forma permaneceriam distantes.

A metáfora baseia-se numa semelhança, mas, ao contrário do que freqüentemente se pensa, ela não é simplesmente o estabelecimento de uma analogia, de uma comparação interessante e surpreendente. Ela realiza algo mais. Na analogia, os dois termos permanecem intactos;

---

91 Paz, O. – *El arco y la lira*, México, Fondo de Cultura Economica, 1990, p. 65. Os grifos são meus.

Na lata do poeta cabe o incabível 99

na metáfora, os termos interagem, a dualidade é reduzida e surge algo novo. Na verdade, a idéia de que a base da metáfora é a semelhança deve ser revista; a semelhança não é a base e sim o *efeito* da operação metafórica. Da "percepção do semelhante no dessemelhante", como dizia Aristóteles, surge uma figura nova, cria-se uma relação nova entre as coisas, relação que não existia até então. *Não há semelhança prévia*, ela é instituída no ato mesmo da nomeação metafórica. Um exemplo poderá esclarecer: "Cabelo quando cresce é tempo/ cabelo embaraçado é vento/ cabelo vem lá de dentro/ cabelo é como pensamento"[92]. Não há semelhança prévia entre "cabelo", "tempo", "vento" e "pensamento"; pelo contrário, são termos de natureza completamente diferente. A força e a criatividade da metáfora estão justamente na aproximação desses heterogêneos; é a metáfora que cria a semelhança, dizendo que cabelo e pensamento vêm lá de dentro. Ao mesmo tempo, não está reduzindo o diferente ao semelhante: a heterogeneidade é conservada. E, com isso, cria-se uma relação absolutamente nova, em que cabelo, tempo, vento e pensamento já não são mais os mesmos que antes da nomeação metafórica.

Essa percepção da semelhança no dessemelhante é, poderíamos dizer, um outro *trabalho* que a metáfora realiza, ao lado do trabalho de transporte. E nesse trabalho de percepção inusitada entra a criatividade do construtor da metáfora. Ela é um recurso para apreender uma alteridade, mas seu trabalho é totalmente inventivo e criativo: para apreender tal alteridade, a metáfora precisa de certa maneira recriá-la.

Ao transportar o nome, a metáfora configura a experiência amorfa, dá uma figura para algo que era desfigurado, nomeia o que não tinha nome e, portanto, cria algo novo, algo que não existia dessa forma,

---

92 "Cabelo", canção de Jorge Benjor e Arnaldo Antunes.

com essa forma. A metáfora dá forma, organiza, e a experiência configurada, nomeada, já é outra experiência. A nomeação transforma. A metáfora transforma.

Para Alfredo Bosi, "o poder de *nomear* significava para os antigos hebreus dar às coisas a sua verdadeira natureza, ou reconhecê-la. Esse poder é o fundamento da linguagem, e, por extensão, o fundamento da poesia"[93]. As idéias de Bosi vão nos esclarecer mais alguns aspectos do trabalho que a metáfora realiza.

Para ele, há duas maneiras diferentes de se ter acesso ao real, de presentificar o mundo, de "buscar aprisionar a alteridade estranha das coisas e dos homens": o modo imagético e o modo lingüístico. O primeiro é o modo mais incipiente, em que as situações se apresentam de maneira bruta, concreta, anterior a qualquer reflexão ou abstração: a *imagem*, anterior à palavra, tem imediatez e simultaneidade. A *palavra*, o discurso verbal, por outro lado, é uma conquista, é um novo processo de expressão, em que a experiência é dita de modo encadeado, com mediação e temporalidade.

O *discurso poético*, no qual a metáfora é figura-chave, tenta franquear o intervalo entre imagem e palavra. Na poesia, coexistem as sombras da matriz (imagem) e o discurso feito de temporalidade e mediação. O discurso poético procura meios de trazer a matriz à tona, de explorar as suas entranhas, de comunicá-la. A poesia tenta compensar a perda do imediato – perda fatal no ato de falar; tende a recuperar a figura, persegue a sensação de simultaneidade e o sabor da imagem.

---

93 Bosi, A. – "Poesia resistência", in *O ser e o tempo da poesia*, São Paulo, Cultrix, 1993, p. 141. Os grifos são meus.

Na lata do poeta cabe o incabível   101

A metáfora é o resultado do trabalho que o discurso verbal realiza com a imagem, é imagem construída, trabalhada pela palavra. O discurso poético não é mero conjunto de imagens, é articulação de imagens através da palavra: "A imagem final, a imagem produzida, que se tem do poema, a sua forma formada, foi uma conquista do discurso sobre a sua linearidade; essa imagem é figura, mas não partilha das qualidades formais do ícone ou do simulacro: procede de operações mediadoras e temporais... A 'imagem' frásica é um momento de chegada do discurso poético. O que lhe dá um caráter de produto temporal, de efeito de um longo trabalho de expressão... É preciso entender... o desejo de recuperar, através do signo, o que Husserl designava como a *camada pré-expressiva do vivido*. Esse estrato, que tem o seu lugar na sensação anterior ao discurso, é perseguido pelo trabalho poético que, no entanto, opera na base de um distanciamento em relação à mesma camada"[94].

Vale a pena ouvir mais um pouco as palavras de Bosi: "O discurso, fiel às relações, contém em si uma tão alta dinâmica que... poderia abafar, senão abolir a imagem... Mas... (no discurso poético) a imagem reponta, resiste e recrudesce, potenciando-se com as armas da figura... Para levar a figura à plenitude, foi necessário desatar a corrente das palavras... A palavra criativa busca, de fato, alcançar o coração da figura no relâmpago do instante. Mas, como só o faz mediante o trabalho sobre o fluxo da língua, que é som-e-pensamento, acaba superando as formas da matéria imaginária. O poema... transforma em duração o que se dava a princípio como um átimo... Entre as imagens cerradas nos seus limites e a forma em movimento do poema aconteceu passar a flecha do discurso"[95].

---

94 Bosi, A. – "Imagem, discurso", in *op. cit.*, p. 28.
95 *Idem*, p. 35-36.

A metáfora é essa palavra especial, diferente da palavra corriqueira, e que tem uma força espantosa. A palavra comum enterra a imagem, a experiência indizível, silenciosa, singular. A metáfora, por sua vez, ao transportar um nome, ao nomear, ao fazer a palavra tocar a imagem enterrada, faz com que esta reponte e ganhe vida. A metáfora tem o poder de trazer à tona experiências que estavam mudas. E nesse mesmo movimento surge o novo, a transformação: a palavra deixa de ser corriqueira, e a imagem deixa de ser muda. Algo inédito passou a existir: essa figura mágica, palavra-metáfora que traz em si o silêncio, que é temporalidade e simultaneidade, que é mediação e imediatez, que pode presentar o irrepresentável, que pode dizer o indizível. Na lata do poeta cabe o incabível.

A nomeação, por sua vez, permite que a experiência indizível entre em circulação, ganhe movimento, desloque-se. A metáfora transporta, e também permite e provoca outros transportes. Poderíamos, talvez, falar num duplo transporte, ou quem sabe numa cadeia infinita de transportes desencadeados pela passagem da metáfora pela fala.

Já falamos de como a metáfora "imita" o real, a alteridade, e de como, nesse mesmo ato, ela organiza e lhe dá contorno e forma. Mas a metáfora também pode funcionar num sentido totalmente diferente. Ela pode romper, explodir e desintegrar a experiência e o real estabelecido ou familiar, afastando-se completamente dele. O filósofo Karsten Harries fala em metáforas de *coligação* e de *colisão*: as primeiras tendem a conectar, associar, juntar, são agentes da unidade, enquanto as segundas agem no sentido da tensão e da oposição. Os artigos de Harries enfocam a metáfora nas artes e mostram que na arte moderna têm predominado as metáforas de colisão, já que o ideal estético da unidade vem sendo abandonado: "Estamos necessariamente presos a maneiras preestabelecidas de ver e de ouvir... A adequação das palavras é algo pressuposto, e sua origem, esquecida. Há momentos quando a

Na lata do poeta cabe o incabível
103

inadequação da nossa linguagem nos toma, quando a linguagem parece se despedaçar, e isso nos abre àquilo que transcende a linguagem... As frases se quebram em palavras, as palavras coagulam e formam olhos que fixam o poeta, forçando-o a olhar para eles, e se tornam redemoinhos que levam ao vazio. E, no entanto, essa desintegração da linguagem não leva ao silêncio. Contra o pano de fundo do silêncio, a presença das coisas se manifesta. Na medida que a linguagem se despedaça, o contato com o ser é restabelecido. Algo tão simples quanto uma jarra quase cheia, escurecida pela sombra de uma nogueira, se torna uma epifania da transcendência"[96].

A metáfora, assim entendida, rompe com o habitual, explode o estabelecido, desintegra, despedaça e permite, assim, que as coisas se mostrem de outro jeito. Ela incomoda, angustia, cutuca, desarmoniza, desarranja. Assim o poeta João Cabral de Melo Neto define sua linguagem: "Eu procuro uma linguagem em que o leitor tropece, não uma linguagem em que ele deslize... Eu procuro fazer uma poesia que não seja asfaltada, que seja um calçamento de pedras, em que o leitor vá tropeçando e não durma, nem seja embalado"[97].

O escritor Jorge Luis Borges também fala desse aspecto da arte – e que é também da metáfora, podemos acrescentar – que provoca colisão, estranhamento[98]. Diz ele: "A arte dá alegria através das palavras, mas não só. Eu diria sobretudo, a arte de assombrar, de fazer com que

---

96 Harries, K. – "A metáfora e a transcendência", in Sacks, S. (org.) – *op. cit.*, p. 92. Ver, também, do mesmo autor, "O múltiplo uso da metáfora", no mesmo livro.

97 Couto, J. C. – "O pedreiro do verso", entrevista com João Cabral de Melo Neto, *Folha de S.Paulo*, caderno Mais!, 22/5/1994.

98 Eliane Fonseca, em seu trabalho sobre poesia e psicanálise, utilizou-se das idéias do formalista russo Vitor Chklovski. Para ele, a arte consiste em artifícios para *descontextualizar* um objeto e provocar a suspensão de seu sentido habitual, fazendo

104   *Palavra Pescando Não-palavra*

o leitor se assombre; mas não que se assombre do talento do poeta, mas que o leitor sinta que está em um mundo estranho, que ele próprio é muito estranho..."[99]. Estou acentuando essa dupla possibilidade da metáfora – coligação e colisão –, porque penso que ela faz eco à dupla possibilidade da interpretação psicanalítica: a configuração e a ruptura. Continuemos, entretanto, o percurso pelas características dessa importante figura de linguagem. Como vimos, a metáfora só pode tangenciar, roçar a alteridade. Ela não define diretamente como a coisa é. Não proporciona revelação total e nem transparência absoluta. A metáfora "busca e volta com as mãos vazias", relembrando as palavras de Clarice Lispector. As idéias do filósofo Martin Heidegger vão nos ajudar a pensar esses aspectos[100].

Heidegger critica a metafísica platônica e cartesiana ("metafísica da luz") e dá muita importância ao não-representável como dimensão

---

com que ele seja visto sob novas luzes, não-familiares. A suspensão do sentido habitual provoca o *efeito de estranhamento* e a percepção caminha do reconhecimento (o "sempre visto") para a visão (o "olhado pela primeira vez"). A arte provoca a *desautomatização*, em que a percepção automatizada – modo apagado e desapaixonado de reconhecer o mundo – dá lugar à percepção estética – apaixonada, emocionada, portadora de vida – e o sujeito pode alcançar uma forma diferente de pensar. Fonseca, E. – *A palavra in-sensata. Poesia e psicanálise*, São Paulo, Escuta, 1993.

99 Borges, J.L. – "Del escrito", citado por Chnaiderman, M. – "Espelhos contemporâneos – Régis Bonvicino e Arnaldo Antunes tematizam o esvaziamento do eu", *Folha de S.Paulo*, Caderno Mais!, 21/8/1994.

100 Para desenvolver esse ponto, vou me utilizar de alguns textos de Heidegger, que serão citados oportunamente, e da excelente leitura feita por Luis Cláudio Figueiredo em *Escutar, recordar, dizer – Encontros heideggerianos com a clínica psicanalítica*, São Paulo, Escuta/Educ, 1994.

Na lata do poeta cabe o incabível 105

da existência humana. Trata-se de admitir que algo nunca é capturado, nunca se elucida ou se apreende. Algo que não é expressável num dizer representacional ou num dizer apresentativo, designativo. O escuro-obscuro é parte integrante da clareira em que o homem habita. Ocultamento e mistério pertencem ao ser. A revelação é sempre fugaz. A metáfora da "meia-luz" é muito usada por ele: "A meia-luz não elimina a claridade, mas sim o excesso de brilho, pois este, quanto mais claro é, tanto mais impede a visão. O fogo demasiado ardente não apenas cega a vista, mas também engole tudo o que se mostra, e é mais escuro que a própria escuridão. O brilho põe em risco toda representação porque, em seu aparecer radiante, parece garantir por si só a visão. O poeta pede o dom da meia-luz, onde o brilho está atenuado. Mas esta atenuação não debilita a luz do brilho. Efetivamente, a meia-luz abre o aparecer..."[101].

Pensar que o que se mostra tem em si algo de obscuro exige uma atitude especial: não tentar iluminar completamente, esclarecer, definir. Ter em mente que o oculto é uma dimensão sempre presente leva à renúncia do desejo de iluminar totalmente (o que poderia levar a ofuscar e a cegar), leva a aceitar e a receber essa forma de "aparecimento-mostração" sem exigir outra coisa. Em vez de invadir, deixar aparecer, permitir o mostrar-se, que contém o encobrir-se.

Diante dessas considerações de Heidegger sobre a impossibilidade da revelação total, sobre o oculto que sempre acompanha as experiências e sobre a necessidade de respeitar essa dimensão, a metáfora aparece como a palavra ideal para permitir o mostrar que contém o encobrir.

---

101 Heidegger, M., citado por Amoroso, L. – "La *Lichtung* de Heidegger como *lucus a (non) lucendo*", in Vattimo, G. e Rovatti, A. (orgs.) – *El pensamiento débil*, Madri, Cátedra, 1990, p. 209.

"O poeta pede o dom da meia-luz". A metáfora é essa meia-luz que debilita o brilho mas não a luz, que ilumina sem ofuscar, que abre o aparecer, que tangencia sem capturar totalmente, que fala da coisa sem revelá-la por completo.

E a meia-luz é um dom, não um defeito de iluminação. Só a metáfora pode se aproximar do indizível, do irrepresentável, só ela tem o poder de trazer para perto experiências que a linguagem comum deixa distantes.

Já que começamos a falar de Heidegger, penso que podemos ir um pouco adiante em suas idéias, mesmo que isso implique uma mudança de direção momentânea em nosso caminho. Ele se dedicou a pensar a obra de arte e a fala poética, e suas reflexões podem trazer novos aportes para o estudo da metáfora.

Para Heidegger, há na obra de arte um combate entre um "mundo" (espaço que é abertura, conjunto de possibilidades) e a "terra" (limite duro, opositivo e opaco, que se assenta na matéria da qual é feita a obra), entre uma abertura que traga e o impenetrável que exclui, entre uma clareira que se abre e as coisas que se mostram no seu fechamento. Esse combate dá à obra seu movimento próprio, que rompe o círculo da familiaridade cotidiana com sua pretensa solidez e consistência, permitindo que algo de insólito e singular irrompa. A obra é um enigma constituído por um exterior que se oferece e um interior que se retrai, e diante dela somos lançados a um suspense, ao desconcerto. Tal estado é fugaz e sofrido, mas é só ele que permite o surgimento do novo[102].

A obra-metáfora é esse aberto que exclui, esse revelar que esconde, essa meia-luz que impede a transparência total. Essa condição tem o efeito de desconcertar, romper o habitual, angustiar e, por isso

---

102 Heidegger, M. – *A origem da obra de arte* (1935), Lisboa, Edições 70, 1992.

Na lata do poeta cabe o incabível　　107

mesmo, transformar. E aqui somos reenviados às idéias de *colisão* e *ruptura* de que tratamos um pouco atrás, uma colisão que despedaça e, por isso mesmo, permite que as coisas se mostrem de outro jeito.

Quando Heidegger se dedica à fala poética, também traz elementos ricos para se pensar a metáfora. A fala poética é a "pura fala", aquela que não tem por objetivo representar um objeto ausente, expressar um estado subjetivo ou comunicar algo para alguém, aquela que se diferencia da fala cotidiana ou científica, aquela que é o oposto da tagarelice que preenche todos os espaços, satura, define, confirma o que já existe. A palavra poética brota, também para ele, do contato com o indizível, com o silêncio; brota do desconcerto, do estar em suspenso, da angústia. É a fala que brota do viver e entregar-se à experiência antes do distanciamento reflexivo. A palavra poética não está à disposição do falante, ela acontece a ele e é uma *resposta* a algo que a solicita.

A fala poética *nomeia* o ente e é só através dessa nomeação que ele pode aparecer, passando a ficar na proximidade. "O que é esse nomear? Rodear com palavras de uma língua os objetos e acontecimentos conhecidos e representáveis? Não. O nomear não distribui títulos, não emprega palavras, mas, antes, chama as coisas à palavra. O nomear invoca. A invocação aproxima o invocado ... mas não o arranca de seu distanciamento"[103]. A nomeação propicia o desvelamento dos entes: não se trata de definição, representação, explicação, decifração ou captura. É uma nomeação que permite ao ente aparecer, permite que ele se mostre de uma forma que não podia antes; é um nomear aquilo que até então carece de existência. A metáfora *funda*, dá nome e forma aos entes, mas sem escancará-los, aproxima e simultaneamente mantém

---

103 Heidegger, M. – "El habla" (1950), in *De camino al habla*, Odós, p. 19.

a distância. A metáfora produz brilho e fascínio, mas é também dura e impenetrável, enigmática: obra de arte.

Para retomar agora o nosso caminho, vou mencionar um texto em que o cientista político Luiz Eduardo Soares faz considerações tentando demarcar qual seria o território da metáfora. Embora metáfora e conceito se precisem e se relacionem de diversas formas num convívio prolongado, são habitantes de territórios diferentes. A metáfora é anterior ao conceito, mas: "Se antes do conceito só temos o *vazio do entendimento* e a *cegueira da intuição*, seria preciso supor o momento em que aquilo que ainda é cego e vazio – porque resiste a formar conceito – ascende à positividade"[104]. A metáfora é o território do vazio e da cegueira, da precariedade mimética. Soares mostra que ela é também o território da vacilação, da hesitação, da perda de tempo, do ócio, da *flânerie* (perambular sem destino, aceitando as solicitações inesperadas, cultivando a disponibilidade e apreciando o próprio trajeto). No entanto, longe de serem negativos, como suporia o conceito, tais aspectos aproximam a metáfora da sabedoria.

Essa idéia de sabedoria nos remete à questão da relação da metáfora com o conhecimento. Para Max Black, como vimos, a principal função da metáfora é propiciar conhecimento intelectual. Eu já havia adiantado que me oporia a essa idéia. Para desenvolver meu pensamento, vou começar trazendo algumas idéias de Donald Davidson.

No texto intitulado "O que as metáforas significam", ele afirma que as metáforas não significam nada, não transmitem verdades ou

---

104 Soares, L. E. – "A paciência da metáfora", in *A interpretação – 2ª Colóquio UERJ*, Rio de Janeiro, Imago, 1990, p. 147.

Na lata do poeta cabe o incabível 109

falsidades, não veiculam idéias, não transportam um conteúdo intelectual, nem qualquer mensagem. O que importa é aquilo que a metáfora nos faz notar, e isso não é um conteúdo cognitivo, no sentido de algo proposicional. A metáfora inspira, provoca, insinua, evoca, mas isso não tem a ver com conhecimento. O que se passa não é algo cognitivo, é outra coisa. E fazendo uma aproximação entre metáfora e obra de arte, Davidson pergunta: "Quantos fatos ou proposições são transmitidos por uma fotografia? Nenhum, uma infinidade ou um fato incomensurável? Pergunta inadequada. Um quadro não vale mil palavras, ou outro número qualquer. Palavras são a moeda errada para se trocar por um quadro"[105]. Conhecimento é a moeda errada para se trocar pela metáfora.

David Cooper, que retoma e matiza o pensamento de Davidson, afirma que as metáforas devem ser tomadas fora do âmbito da linguagem enquanto provedora de informações; elas estão mais próximas do âmbito ocupado pelas canções, poemas e mitos. É preciso se separar da idéia de que, diante de uma metáfora, o trabalho é identificar uma *proposição com significado*, ou seja, é preciso se separar da idéia de que uma metáfora deve ser "interpretada", destrinchada, compreendida. "Interpretação" implica um processo tradutivo que não ocorre quando estamos diante de uma metáfora. O que realmente ocorre é uma "compreensão imediata". É preciso abandonar a "concepção estreita e cognitiva de interpretação"; é preciso buscar outros termos para descrever o modo pelo qual recebemos metáforas. E, para isso, Cooper recorre ao pensamento de Merleau-Ponty, quando este fala da "linguagem autêntica", a mesma que já mencionei na introdução.

---

105 Davidson, D. – "O que as metáforas significam", in Sacks, S. (org.) – *op. cit.*, p. 50.

Na linguagem autêntica, que é a linguagem da metáfora, não há um enunciado "completo", porque não há proposições estabelecidas e nem há limites para a forma como o enunciado trabalha dentro de nós. Assim, nossa "recepção" a ela não pode consistir numa técnica para decifrar significados. Não se trata de entender através de uma operação cognitiva: o sentido é "pescado" pelo receptor.

Na verdade, há uma oscilação entre *ser possuído* e *apreender* quando se "recebe" (ao invés de quando se "interpreta") poesia ou metáforas, Diz Cooper[106]: "Por um lado, o leitor deixa-se tragar pelas palavras, rendendo-se ao poder que elas têm para evocar imagens. Mas, por outro lado, ele também se aproveita das palavras, utilizando-as como pretextos para uma cadeia de fantasias ou como estímulos para especulações que podem não ter qualquer relação com o que quer que tenha sido cogitado pelo poeta"[107].

O que essas idéias sobre a interpretação de metáforas nos fazem ver é que falar em veicular um conhecimento intelectual é realmente reduzir bastante o espectro que a metáfora abrange. Eu diria que a metáfora pode sim produzir conhecimento, mas por vias bem peculiares. Trata-se de um *conhecimento emocional*, um conhecer a partir da experiência emocional, que é distinto do conhecimento teórico e explicativo, obtido por vias exclusivamente racionais.

---

106 Cooper, D. E. – *op. cit.*, p. 110. Tradução de Belinda Haber Mandelbaum, a quem agradeço.

107 Penso que alguns esclarecimentos são necessários neste momento: a "interpretação" que Cooper quer abandonar é aquele tipo de interpretação detetivesca, decifrativa e explicativa que nós também descartamos no capítulo anterior. Quando ele propõe que a "recepção" substitua a "interpretação", está propondo algo semelhante à "interpretação como resposta", que tem a ver com o "deixar-se afetar e a isso responder" e com a "atitude estética".

Na lata do poeta cabe o incabível

Outra questão que ainda precisamos percorrer é a da avaliação das metáforas. Quando uma metáfora é boa? Por que uma pode ser melhor que a outra? Por tudo o que foi dito até aqui, parece claro que não há e nem pode haver critérios muito estabelecidos. Podemos dizer, em linhas bem gerais, que uma boa metáfora consegue dizer e sugerir infinitas coisas em pouquíssimas palavras, inspira diferentes linhas de pensamento imaginativo, aponta para uma variedade de direções, abre-se para diferentes interpretações, é original, criativa, provocativa, convidativa. Uma boa metáfora é aberta, insinua, estimula, inspira e evoca imagens, pensamentos, emoções, afetos. Uma boa metáfora mostra as coisas de um ângulo novo, faz notar o que não víamos, abre uma nova região de possibilidades. Uma boa metáfora pode produzir prazer, mas também angústia, pode juntar e pode romper. Transforma, amplia e multiplica significados, produz conhecimento emocional.

E quanto à verdade? A boa metáfora é verdadeira? A metáfora veicula uma verdade? Aristóteles dizia que a metáfora diz a verdade. Depois desse nosso percurso, fica difícil manter a idéia de uma metáfora que veicula verdades. Se pensamos na verdade como correspondência entre a representação e o representado, fica claro que a metáfora nunca é verdadeira, porque tal correspondência não se dá. A metáfora apenas roça o objeto, e ao roçá-lo cria uma nova figura, que não é mais a original. Por outro lado, se pensarmos na verdade no sentido heideggeriano, a questão toma outra forma.

Para Heidegger, a verdade não é um *estado* de adequação e correspondência entre a representação e o representado, e sim um *acontecimento*: a desocultação do ente, o seu mostrar-se como tal. Contudo, toda desocultação se dá no seio de algo que permanece oculto, há uma ocultação radicada em toda desocultação. Nesse sentido, e só nesse sentido, podemos dizer que a metáfora tem, sim, a ver com a

112   *Palavra Pescando Não-palavra*

verdade, uma vez que ela não diz como o objeto é, mas participa de seu desvelamento ao mesmo tempo que preserva o seu mistério[108].

3. A metáfora poética

No início deste capítulo, eu disse que a metáfora é uma figura de linguagem que aparece em discursos tão diferentes quanto a linguagem cotidiana, a poesia e a ciência. Aristóteles, por sua vez, dizia que o que distingue a linguagem vulgar da linguagem poética é justamente o emprego da metáfora. Penso que agora é o momento de esclarecer essa questão. Se a metáfora aparece em todos os discursos, qual seria o sentido da afirmação de Aristóteles, que faz uma diferenciação entre a linguagem poética e as outras linguagens com base no uso da metáfora? Na verdade, embora a metáfora seja usada em tão diferentes discursos, ela não tem a mesma *função* em todos eles. Ao longo deste capítulo, falei das metáforas em geral, sem especificar funções. No entanto, agora é preciso fazer discriminações, para que possamos entender como a metáfora opera quando aparece num discurso tão singular como a interpretação psicanalítica. Minha hipótese é que a metáfora na interpretação psicanalítica tem mais afinidade com a metáfora poética do que com as metáforas tal qual aparecem na fala cotidiana ou no discurso científico.

As metáforas cotidianas ou científicas geralmente pretendem comunicar algo, pretendem representar, designar, capturar; pretendem

---

108 Embora eu não vá me estender sobre essa questão, é importante marcar que a noção heideggeriana de verdade pode nos ajudar a pensar no tipo de verdade que está em jogo na interpretação psicanalítica.

Na lata do poeta cabe o incabível 113

transmitir uma informação e pretendem que ela seja captada e entendida pelo ouvinte. Não que elas consigam, porque justamente as experiências que a metáfora busca apreender são indizíveis literalmente. Mas o objetivo é a revelação total, é retratar uma realidade o mais perfeitamente possível. No caso do discurso científico, por exemplo, a veiculação de conhecimento intelectual através da metáfora é o objetivo central. Como disse Max Black, usar metáforas é o caminho para se chegar à algebra. O discurso científico está comprometido com a transparência, com a objetividade, com a univocidade. Seu elemento constitutivo não é a metáfora e sim o *conceito*, noção ligada às idéias claras e distintas.

Na linguagem cotidiana, muitas vezes o que aparece são as metáforas gastas, as metáforas-clichês, que já perderam todo o frescor, a criatividade e a singularidade que as metáforas poéticas possuem. Estas não estão comprometidas com a necessidade de designar. Elas são livres e podem apenas sugerir, insinuar, multiplicar significados. O poeta Manuel de Barros disse: "É preciso arejar as palavras para que elas não morram de clichês".

Um exemplo de metáfora-clichê: "meu mundo caiu"; um exemplo de como o poeta pode criar uma metáfora poética ao ironizar o clichê: "Se meu mundo cair, eu que aprenda a levitar"[109].

Poderíamos dizer que as metáforas poéticas são as "puras metáforas" e que as outras são metáforas que já perderam a magia e a especificidade ao se aproximarem do conceito ou do clichê. Só o uso de metáforas tal qual aparece na poesia tem a força e o poder que procuramos apontar ao longo deste capítulo. Paul Ricoeur diz que "a metáfora é um poema em miniatura"[110]. Poderíamos dizer que toda

---

109 José Miguel Wisnik, na canção "Se meu mundo cair".
110 Ricoeur, P. – "The rule of metaphor", citado por Cooper, D. E. – *op. cit.*, p. 5.

114   *Palavra Pescando Não-palavra*

boa metáfora é um poema em miniatura: metáfora viva, arejada, que se afasta do estereótipo e do senso comum. A metáfora que nomeia o indizível, que é polissêmica e opaca, que revela e esconde, que rompe com o habitual, que presenta, que brota do contato com a experiência antes do distanciamento reflexivo, que produz conhecimento emocional, que libera emoção, provoca impacto, que produz encanto e estranheza, que transforma abrindo novas regiões de possibilidades e significações. A metáfora que é palavra mágica, palavra que encarna o afeto, que articula representação e afeto, que une o sensível e o inteligível. Palavra que nasce do pensamento e da imaginação, da inteligência e da intuição, da criatividade e da emoção. E só esse tipo de metáfora é que vai conferir à interpretação psicanalítica todo o seu vigor. E mais: é essa afinidade entre a metáfora que aparece na interpretação psicanalítica e a que aparece na fala poética que vai me permitir falar numa *dimensão poética da experiência psicanalítica*.

Antes de terminar, vou recorrer a Octavio Paz, que fala lindamente sobre a singularidade da fala e da metáfora poética, e que retoma muitas das idéias que discutimos até agora. Para ele, a natureza mesma da palavra é a de possuir muitos significados, ser uma potencialidade de direções e sentidos. Na prosa – e na linguagem científica e cotidiana –, aspira-se a que as palavras tenham um significado unívoco; elas tendem a se identificar com um de seus possíveis significados em detrimento dos outros, o que não deixa de conter certa dose de violência. Nesse sentido, a prosa é um utensílio, tem uma finalidade prática, é um instrumento que serve para comunicar, significar, representar. A poesia, ao contrário, jamais atenta contra a ambigüidade natural da palavra: "No poema a linguagem recupera sua originalidade primeira, mutilada pela redução que a prosa e a fala cotidiana lhe impõem... A palavra, finalmente em liberdade, mostra todas suas entranhas, todos seus sentidos e alusões... O poeta põe sua

Na lata do poeta cabe o incabível 115

matéria em liberdade. O prosador a aprisiona"[111]. A operação poética é o contrário da manipulação técnica: esta deforma, vence e domina a matéria-palavra, transformando-a em utensílio, em algo útil, enquanto aquela faz com que a matéria recobre a sua liberdade e seu esplendor: "O primeiro ato dessa operação consiste no desalojamento das palavras. O poeta as arranca de suas conexões habituais: separados do mundo informativo da fala, os vocábulos tornam-se únicos, como se acabassem de nascer"[112].

Um conceito científico, por exemplo, diz que "penas são leves e pedras são pesadas", enquanto uma imagem poética (metáfora) diz o indizível, aquilo que a linguagem parece incapaz de dizer: "penas são pedras". Cada metáfora – *palavra posta em liberdade* – contém muitos significados contrários, e o poema os abarca e reconcilia, sem suprimi-los. A metáfora é o lugar por excelência da polissemia e da ressonância.

A metáfora liberta as palavras para seus múltiplos sentidos – polissemia – e para seus múltiplos sons – ressonância. Na fala cotidiana, as palavras estão amarradas, mutiladas, unívocas; na fala poética, estão livres. Esse aspecto é fundamental para pensar o tipo de fala que se dá na situação analítica. Também nela as palavras são postas em liberdade – poetizadas – para que possam dizer muitas coisas e ressoar. A associação livre é palavra em liberdade, a atenção flutuante é abertura para a multiplicidade de sons e sentidos. Os limites precisos do enquadre existem justamente para propiciar liberdade, para dar espaço para que a fala poética possa brotar.

O "jogo da forca" é muito requisitado por certas crianças em análise, e pode ter uma função defensiva e esterilizante. De fato, ficar

---

111 Paz, O. – *El arco y la lira*, México, Fondo de Cultura Economica, 1990, p. 22.
112 *Idem*, p. 38-39.

116   *Palavra Pescando Não-palavra*

adivinhando letras e palavras pode ser muito enfadonho. A situação muda de figura quando a polissemia e a ressonância são introduzidas, quando podemos brincar com os possíveis sentidos e sons das palavras escolhidas. Como as escolhas nunca são por acaso, o enfadonho torna-se cheio de possibilidades.

Certo dia, Rodrigo veio com uma camiseta com o seguinte escrito: "ARTMANHA", que é o nome de uma griffe para adolescentes. Como ele estava falando sobre a violência das torcidas de futebol, e lembrando a violência de seu pai ao quebrar um videogame anos atrás – fato que desencadeou uma crise de bronquite que o levou ao hospital – falei que podíamos reagir às situações não só com violência, mas também com ARTE, ARTIMANHA ou com MANHA. Simplesmente joguei essa idéia para ele. "Dizem que sou manhoso", e começa a contar histórias sobre como chora com facilidade, abrindo um campo inexplorado até então[113].

Ainda segundo Octavio Paz, o poeta não quer dizer, ele diz. A maneira própria de comunicação da metáfora não é a transmissão conceitual e sim a "presentação": "No poema a cadeira é uma presença instantânea e total, que golpeia nossa atenção. O poeta não descreve a cadeira: põe-na à nossa frente... O verso, a frase-ritmo, evoca, ressuscita, desperta, recria... Não representa, e sim presenta"[114].

A palavra no poema não é só palavra – som e significado –, ela encarna algo que a transcende e ultrapassa, um mundo de significados indizíveis pela mera linguagem: "O poema é linguagem – e linguagem

---

113 Ao escrever, *a posteriori,* esse fragmento clínico, fui ao dicionário por curiosidade e acabei me surpreendendo: "manha" não significa só "choro infantil sem causa", que foi o sentido que eu e meu paciente demos, mas também "destreza, malícia". Eu até sabia, mas "esqueci".

114 Paz, O. – *op. cit.,* p. 108-109.

Na lata do poeta cabe o incabível 117

antes de ser submetida à mutilação da prosa ou da conversação – mas é algo mais também. E esse algo mais é inexplicável pela linguagem, ainda que só possa ser alcançado por ela. Nascido da palavra, o poema desemboca em algo que a ultrapassa... A experiência poética é irredutível à palavra e, no entanto, só a palavra a expressa. A imagem (metáfora) reconcilia os contrários, mas essa reconciliação não pode ser explicada pelas palavras – exceto pelas da imagem, que já deixaram de sê-lo. Assim, a imagem é um recurso desesperado contra o silêncio que nos invade cada vez que tentamos expressar a terrível experiência do que nos rodeia e de nós mesmos"[115].

Vou deixar que essas palavras fiquem ressoando até que possam ser retomadas no próximo capítulo.

---

115 *Idem*, p. 111.

CAPÍTULO IV
QUANDO A INTERPRETAÇÃO PSICANALÍTICA É TOCADA PELA METÁFORA

"Eu preferiria mil vezes que minha sobrinha tivesse sido tocada por uma mão na bunda do que por uma metáfora!"[116]

É mais ou menos com essas palavras, num italiano carregado e indignado, que uma velha senhora, nativa de uma pequena ilha do Mediterrâneo, reclama do tipo de aproximação que um jovem filho de pescador da ilha, agora amigo e "discípulo" do poeta Pablo Neruda – que estava passando uma temporada de exílio por lá –, estava tentando conseguir com sua bela sobrinha. Os três – a velha, o jovem e a sobrinha, que ficou totalmente apaixonada – estavam se dando conta do enorme, do surpreendente poder das metáforas.

Não é à toa que Locke, em sintonia com a velha senhora do filme, dizia que as metáforas estimulam as paixões e, por isso, são perigosas, devendo ser eliminadas dos discursos ditos sérios.

De fato, as metáforas têm grande capacidade para fascinar e seduzir, e poderíamos pensar que quando elas "tocam" a dupla analítica o efeito não seria muito diferente. A interpretação metafórica funcionaria, então, pela via da sedução-sugestão?

---

116 Frase tirada de um dos diálogos do filme *O Carteiro e o Poeta* (*Il Postino*, Itália/Bélgica/França, 1994), do diretor inglês Michael Radford, com os atores Massimo Troisi e Philippe Noiret.

Não; vimos no capítulo anterior que a metáfora pode ir muito além disso. Ela é bela e provoca encantamento, ela torna as falas mais bonitas, mas vai além. Neste capítulo, pretendo explorar com mais detalhe esse "além", ou seja, o que se passa quando a interpretação psicanalítica se encontra com a metáfora. No entanto, penso que não devemos simplesmente rechaçar, tal qual Locke, o fascínio e o encanto, a beleza e a magia, o prazer e a emoção que o contato com a metáfora nos faz viver, em busca de outros "poderes", menos temíveis, dela. Minha idéia é que não só a metáfora vai além do puro ornamento, mas também o ornamento não é algo a ser considerado "menor". A interpretação psicanalítica tocada pela metáfora pode propiciar uma *experiência estética* e é nesse momento que ela ganha toda a sua força. A idéia de experiência estética resgata o ornamento, o prazer estético, a emoção, e os articula com um certo tipo de aquisição de conhecimento. Falarei disso oportunamente.

1. De volta à clínica

Muitos meses depois depois da metáfora da bomba de gasolina, Roberta chega de um fim-de-semana contando que leu uma reportagem na revista *Veja* sobre coisas que se passam no fundo do mar. De repente, deu-se conta de tanta coisa, percebeu com clareza algo sobre si mesma, como numa revelação. Está empolgada, mas também muito nervosa e diz: "meu ódio está no máximo!". Conta alguns episódios que viveu, todos recheados de brigas. "Briguei, briguei, briguei..." O INSS (Instituto Nacional do Seguro Social) não pagou algo a que ela tinha direito, a Telesp (Telecomunicações de São Paulo) não entregou o telefone celular, o DSV (Departamento de Operação do Sistema Viário) mandou uma lista de multas injustas, e assim por diante.

Quando a interpretação psicanalítica é tocada pela metáfora

Diz que se identificou muito com algo que leu na reportagem: pesquisas feitas no Triângulo das Bermudas, com equipamentos bastante sofisticados, revelaram que no fundo do mar existe uma enorme cordilheira de vulcões em constante atividade, que é a responsável pela grande turbulência do local, sempre envolvido numa grande aura de mistério. Sente que é algo assim que tem dentro de si. Um vulcão em atividade permanente, só que embaixo do mar, escondido, num ponto de difícil acesso. Enfatiza muito a idéia de algo em constante atividade, de um ódio sempre presente.

O fato de ela própria trazer uma metáfora para tentar dar conta do que se passa com ela já indica uma condição psíquica menos deteriorada, já indica um esforço com vistas a olhar para si mesma e dar alguma inteligibilidade para suas vivências. Ela está sentindo muito ódio, mas não está, como eu observo em outros momentos, totalmente tomada, totalmente imersa e mergulhada nesse afeto. É a capacidade de *metaforização* que está podendo ser usada para pensar e falar. É a participação dela nesse trabalho, que é nosso, de nomear a experiência emocional, de aproximar-se das vivências de difícil designação. Não para livrar-se delas, e sim para melhor escutá-las. Roberta, como ela mesma se descreve, usa as palavras para matar, sabe atingir as pessoas, machucar fundo só com palavras. Arma-se de palavras-projéteis e sai a campo, sai para a vida. Aqui ela está fazendo um outro uso das palavras, está transformando-as em metáforas, em iscas para "pescar" seus afetos e dar – quem sabe? – um outro rumo a eles.

O que seria essa capacidade de metaforização? O que seria metaforizar no nível psíquico, para além das palavras?

A metáfora do vulcão sempre ativo é uma alternativa, ou um adendo, à metáfora da bomba de gasolina. As metáforas vão sendo substituídas sucessivamente à medida que uma afinação maior com o vivido for sendo conseguida. A grande diferença entre as duas metáforas, pelo menos a que ela quis marcar, é que não se trata de um ódio que às vezes surge e que a faz explodir, mas de um ódio que a está sempre pressionando por dentro. Além disso, um vulcão, ou melhor, uma cordilheira de vulcões, transmite com mais vivacidade a intensidade do que ela sente. Essa intensidade, eu posso também sentir por ressonância. Eu recebo chispas da lava desses vulcões, eu sinto a sala tremer, eu suo com ela, me angustio.

Segundo Roberta, o fato de estar embaixo do mar "explicaria" o porquê de esse aspecto passar tantas vezes despercebido, não só para os outros – eu incluída –, mas também para ela. Explicaria, também, o porquê de a "cura" ser tão difícil de ser conseguida: trata-se de algo muito profundo, muito inacessível e, ao mesmo tempo, muito poderoso. Isso a deixa extremamente assustada, mas penso que é também o efeito de um contato maior, menos projetivo com seu mundo. O vulcão está dentro. Dar-se conta disso é doloroso: ela não está apenas fazendo uma constatação, está vivendo uma nova percepção visceralmente. Trata-se de *conhecimento emocional*.

Essa sua construção metafórica já abre caminhos. Podemos pensar se é de fato o ódio que está ativo sempre, ou se não seria, por exemplo, a dor. É a dor que a acompanha em todos os momentos, a dor de sentir-se tão pequena e desamparada diante das coisas da vida. O ódio poderia ser pensado como uma defesa contra a dor da impotência. De qualquer forma, é mais uma metáfora que vai fazer parte de nosso repertório particular, de nosso código privado, propiciando o que Ted Cohen chamou de "a conquista de intimidade": para além de seu caráter cognitivo e estético, a metáfora teria o poder de aproximar de forma singela o emissor e o receptor dela[117].

---

117 Cohen, T. – "A metáfora e o cultivo de intimidade", in Sacks, S. (org.) – *Da metáfora*, São Paulo, Educ/Pontes, 1992, p. 13.

Quando a interpretação psicanalítica é tocada pela metáfora **123**

Se o vulcão-ódio é uma defesa contra a dor da impotência e do desamparo, então Roberta é não só esse vulcão destrutivo, essa pura violência pulsional. Comento com ela que seus oponentes são tão grandes: o INSS, a Telesp, o DSV. Nesse momento, ela diz que lhe veio à cabeça uma imagem que sempre lhe vem, mas que nunca havia comentado comigo: ela é um passarinho na palma da mão de um gigante e ele está prestes a fechar a mão para esmagá-la. Não é uma metáfora construída por ela, como a do vulcão; é uma fantasia que, embora também seja uma metáfora, não é uma construção intencional. O importante, no entanto, é que um elemento novo surgiu e foi posto em circulação. O "grande ameaçador" – que é o INSS-DSV-Telesp que a maltrata, mas que é também o vulcão que Roberta tem dentro de si – é a figura de quem ela quer tentar se proteger quando busca "pequenos acolhedores", como eu, o grupinho da aula de pintura ou o restaurante vegetariano.

Novas metáforas vão surgindo, novas configurações são forjadas, na tentativa de conseguir cada vez mais sintonia e afinação com a experiência emocional. As metáforas vão sendo substituídas umas pelas outras, como num caleidoscópio, que a cada movimento configura de modo diferente os pequenos fragmentos de cores e formas.

A metáfora da cordilheira de vulcões é tão singular e visceral, que pode servir de contraponto para uma situação inversa, que vivi com outra paciente. Foi quando ela trouxe uma metáfora-clichê: "Eu não vou entregar o ouro pro bandido!". Não importa agora o contexto, o que quero marcar é que, em situações como essa, o trabalho interpretativo não é tanto o de "embarcar" na metáfora, mas sim desmontá-la, desconstruí-la, tentando transformá-la numa expressão mais singular. "Qual é o seu ouro? Quem é o bandido? O que o bandido vai fazer com teu ouro?"

Com as reflexões a seguir, vou procurar trazer novos elementos para pensar sobre o que se passa em situações clínicas como essas, em que a metáfora ocupa um lugar de destaque. Começarei reunindo e reordenando – ou melhor, superpondo – o que foi dito nos dois capítulos anteriores, para depois aprofundar um pouco mais alguns aspectos que julgo essenciais.

2. Entremeando os fios: a interpretação e a metáfora

Como vimos, a interpretação psicanalítica é uma *construção criativa* que produz *significações novas*, o que a torna muito diferente de um procedimento feito para recuperar ou reproduzir algo que já está dado e configurado *a priori*. Por outro lado, ela não é apenas a criação de algo que não existia antes. É a tentativa de apreender uma alteridade que, embora sem nome e sem forma, existe e afeta quem com ela entra em contato. A interpretação psicanalítica é uma *resposta criativa e configuradora*, a tentativa de *nomear* essa alteridade que não pode ser designada pela linguagem comum.

A interpretação brota daquilo que chamei de *atitude estética*, da ressonância, do deixar-se afetar e a isso responder, do dispor-se a ouvir o impronunciável. O efeito dela pode ser uma *mudança psíquica*: a interpretação psicanalítica *transforma*, porque *rompe* com os padrões habituais e permite, através da *nomeação*, que experiências mudas entrem em circulação para serem ditas e pensadas. O processo é geralmente acompanhado de muita *emoção*, de uma enorme gama de emoções, que pode ir do impacto e do estranhamento, passando pela dor e pelo fascínio, até o que podemos chamar de *emoção estética*, que surge quando algo se revela e é vislumbrado por uma via que é, como veremos adiante, *indissoluvelmente intelectual e emocional*. É o *conhecimento emocional*, que se opõe a um conhecimento teórico e intelectualizado, e que é o tipo de conhecimento que a experiência psicanalítica procura obter.

Quando a interpretação psicanalítica é tocada pela metáfora

Se a interpretação psicanalítica tem essas características tão específicas, então a metáfora, também pelas especificidades que a definem, aparece como uma figura especialmente adequada para estar presente numa interpretação. Há uma *afinidade estrutural* entre a interpretação psicanalítica e a metáfora. O uso de metáforas na interpretação faz com que esta consiga realizar seu caminho mais plenamente. A metáfora potencializa a força, o impacto e o alcance da interpretação.

Pierre Fédida, como vimos, já trouxe aportes interessantes para essa questão. A partir do percurso que fizemos pelo campo da metáfora, podemos agora estender ainda mais nossas reflexões.

De fato, além das características que a tornam uma figura importante e poderosa em qualquer discurso, incluindo a fala cotidiana, a poesia, a filosofia e a ciência, a metáfora – e principalmente a *metáfora poética* – tem características que a tornam especialmente apropriada para uma fala do tipo da que surge na situação analítica.

Se a interpretação psicanalítica é uma construção criativa que busca nomear as experiências mudas, as alteridades sem forma e sem nome, é a metáfora que pode, com maior amplitude, realizar essa intenção. A metáfora é a única maneira de apreender as experiências que não têm nome e que, portanto, não são alcançáveis pela linguagem literal, designativa. Só a metáfora pode dizer o indizível, e pode dizê-lo porque tem o poder da *nomeação*.

O tipo de nomeação que a metáfora realiza é afim à nomeação interpretativa na experiência psicanalítica: é um mostrar, trazer para perto, tornar presente, captar a energia íntima, "imitar" (mimese), dar visibilidade, sem o compromisso – na verdade, sem a possibilidade – de revelar totalmente algo supostamente transparente, de descrever com exatidão as coisas como realmente são. É um falar das coisas que não é o falar da transmissão conceitual. A metáfora e a interpretação estão livres da necessidade de veicular conhecimento intelectual, afastam-se dos conceitos e dos clichês para aproximar-se da experiência, para captar-lhe o frescor, a vitalidade e a singularidade, para não matá-la com uma palavra estéril. Poderíamos dizer que a metáfora se aproxima mais de uma pintura abstrata do que de uma figurativa, mas esse abstrato deve ser concebido de maneira especial. Ouçamos o que nos diz Clarice Lispector: "Tanto em pintura como em música e literatura, tantas vezes o que chamam de abstrato me parece apenas o figurativo de uma realidade mais delicada e mais difícil, menos visível a olho nu"[118].

Monique Schneider[119] pode nos ajudar a olhar ainda mais de perto para o tipo de nomeação que se dá na experiência psicanalítica, de modo a podermos perceber com mais clareza o porquê de a metáfora ser uma figura tão bem-vinda. Trata-se de um texto que, embora se limite à análise dos primeiros escritos de Freud, traz idéias preciosas para o nosso tema.

A questão seria: como ter acesso às experiências que permanecem mudas? Aos afetos não ditos? Desde os "Estudos sobre a Histeria", tratava-se de colocar o afeto na forma verbal, de "dar expressão verbal ao afeto", para que ele pudesse estabelecer relações com outras representações. Assim, os processos psíquicos deixariam de estar entravados e a mobilidade seria restabelecida.

A palavra, no entanto, pode liquidar o afeto; a representação pode substituí-lo. E a questão retorna: como trazer o afeto para dentro do discurso sem se livrar dele? Como não matar o afeto com a palavra? Como nomear?

---

118 Lispector, C. – "Abstrato e figurativo", in *Para não esquecer*, São Paulo, Ática, 1984, p. 26.
119 Schneider, M. – *Afeto e linguagem nos primeiros escritos de Freud*, São Paulo, Escuta, 1994.

Quando a interpretação psicanalítica é tocada pela metáfora

Monique Schneider mostra-nos que, na verdade, trata-se de um procedimento que permite ao afeto *conduzir-se verbalmente*, o que é muito diferente de uma substituição do afeto pela representação: "Antes de sonhar liquidá-lo (o afeto), o essencial seria, então, *permitir-lhe ver o dia*... Não mais seria suficiente exumar o afeto como se desenterra uma olaria que permaneceu intacta sob os escombros, mas *permitir-lhe tomar corpo, tomar o corpo, escapar à ameaça de aborto*. Talvez seja, nesse sentido, necessário ler o conselho de Freud: '*despertar o afeto*' e não somente revelá-lo"[120]. A idéia que subjaz a essa concepção é a de que o afeto não estaria sepultado, posto em conserva, mas reduzido ao silêncio, abortado e privado de desenvolvimento: "afeto impossível".

Como "despertar" o afeto? A expressão verbal e a expressão emocional são dois planos estruturalmente diferentes. Para Monique Schneider, é preciso haver a conjunção entre estes heterogêneos: o discurso e a manifestação emocional. Tal conjunção poderia se dar numa fala que pudesse, ao mesmo tempo, *designar* e *libertar* o que está mudo; uma fala que pudesse simultaneamente *significar* e *efetuar*. Em que tipo de fala isso seria possível?

A resposta a isso será buscada nas idéias de Rousseau, em seu "Ensaio sobre a origem das línguas", e não vai ser muito diferente da resposta que encontramos ao longo do percurso que fizemos através de outras referências. Para Rousseau, a "fala originária", o primeiro tipo de fala que surgiu, foi a fala metafórica: uma fala que é indissoluvelmente "canto" ("entonação") e "designação" do mundo. Nela, não há um simples misto de discurso e afeto, de narrativa e emoção, mas uma verdadeira articulação. É uma fala que sente e, além disso, faz sentir, arranca do outro movimentos de sensibilidade.

---

120 *Idem*, p. 27. Os grifos são meus.

A fala originária metafórica, ainda segundo o filósofo, não tinha por função representar e designar objetivamente o mundo – isso era feito pelos gestos – mas, sim, veicular a paixão: "Não é nem a fome, nem a sede, mas o amor, o ódio, a pena, a cólera que conseguiram arrancar as primeiras vozes. Os frutos não se subtraem de nossas mãos, podemos nos alimentar sem falar, persegue-se, em silêncio, a presa que se quer para sustento. Mas para emocionar um jovem coração, para afastar um agressor injusto, a natureza dita entonações, gritos e queixas. Eis as mais velhas palavras inventadas, e eis por que as primeiras línguas foram musicais e apaixonadas antes de serem simples e metódicas"[121]. O que aparece aqui é uma fala que tem o poder de veicular as paixões, mas ao mesmo tempo a idéia, fundamental para pensarmos a experiência psicanalítica, de que *as paixões pedem para ser conduzidas verbalmente*. O vivido pede para ser plasmado na palavra, segundo os termos de Alfredo Bosi. O trabalho psicanalítico se dá fundamentalmente no nível verbal por uma imposição de seu objeto, e não pelo desejo de seu criador. A afirmação de Octavio Paz, de que a experiência poética é irredutível à palavra, mas que só a palavra a expressa, ganha aqui uma nova luz. A experiência psicanalítica procura abarcar o mundo do indizível, mas isso só é possível através da palavra. Não qualquer palavra, evidentemente, mas sim palavra-metáfora, palavra poética.

Voltando a Monique Schneider: também para ela, é a fala metafórica que pode articular discurso e afeto, que pode despertar o afeto, permitir-lhe ver a luz do dia. É essa fala, portanto, que é a fala da nomeação transformadora. Para ela, o trauma não é o afeto excessivo, como muitas vezes se pensa a partir de Freud, mas o afeto reduzido ao silêncio, afeto que não encontrou ressonância por parte de um outro,

---

121 Rousseau, J. J. – "Ensaio sobre a origem das línguas", citado por Schneider, M. – *op. cit.*, p. 40.

Quando a interpretação psicanalítica é tocada pela metáfora **129**

afeto que não recebeu um sentido por parte desse outro. Afeto entravado, truncado, inacabado, abortado. A nomeação transformadora, portanto, não é um simples trabalho verbal aplicado ao afeto, mas "desenvolvimento do movimento inscrito com uma *exigência* no interior do afeto"[122]; não é apenas colocar o afeto em palavras, mas "vivê-lo fora de toda reserva". E essa nomeação transforma justamente porque destrava o que estava travado, fala o que estava pedindo para ser falado, acaba o que estava inacabado, dá vida ao que foi abortado.

Retomando nosso caminho através do uso de metáforas na interpretação psicanalítica, poderíamos agora acompanhar um autor como Didier Houzel, que faz uma importante distinção entre *interpretação metafórica* e *interpretação analógica*[123].

Segundo ele, geralmente há uma confusão entre metáfora e analogia; as interpretações metafóricas são condenadas por serem expressão de um raciocínio analógico e, portanto, falho. A analogia, traduzindo-se o termo grego original, seria "proporção matemática", "correspondência proporcional" entre dois objetos: "A analogia se situa do lado dos processos de raciocínio e demonstração, é colocar os objetos em correspondência sem que isso os transforme. A metáfora é uma real transformação, não dos objetos externos, mas dos objetos internos"[124].

Houzel traz um exemplo clínico que pode esclarecer a distinção: se uma criança compara de modo analógico, e baseando-se na forma, os seios de sua mãe com as montanhas, e se deduz a partir daí que as

---

122 Schneider, M. – *op. cit.*, p. 50.
123 Houzel, D. – "Interpretación: metáfora o analogia", *Psicoanálisis*, nº1, Buenos Aires, 1993.
124 *Idem*, p. 71.

montanhas secretam neblina assim como o seio secreta leite, estará fazendo um raciocínio errado. Se, ao contrário, usa as montanhas como metáfora do seio, está criando novos pensamentos, novos conceitos: "seio-montanha", por exemplo. "O conceito de 'seio-montanha' é uma transformação de um dos aspectos da experiência do seio, da experiência de sua forma, de sua importância, de sua beleza, de sua bondade, de sua majestuosidade, de sua conquista difícil e sempre arriscada... Não se trata mais da correspondência extrínseca de objetos entre si... A metáfora é uma transformação interior dos objetos psíquicos, que permite a criação de novos conceitos que englobam, e até ampliam, muitos aspectos de uma experiência primária"[125].

A metáfora, assim, permite um enriquecimento da experiência e do conhecimento dos objetos externos e internos. A metáfora transforma. Rompe com o uso habitual das palavras, desaloja-as e as abre para significados inéditos, revelando novas possibilidades para palavras já gastas. Ao romper e nomear, a metáfora cria algo novo, produz uma nova configuração e, assim, transforma a alteridade que está tentando apreender. A capacidade da interpretação psicanalítica de romper, configurar e transformar se potencializa quando ela se vale das metáforas em seu falar.

A interpretação psicanalítica "tocada" pela metáfora não designa, e sim alude, insinua, deixa vago, não explica, apenas invoca. É a "meia-luz", o mostrar que contém o encobrir, o falar sem desvendar completamente; aceitar com tranqüilidade que muitas coisas vão permanecer ocultas, não ditas, enigmáticas; é não ficar forçando uma penetração, enxertando significados.

---

125 *Idem*, p. 72.

Quando a interpretação psicanalítica é tocada pela metáfora

A interpretação tocada pela metáfora abre-se para muitas direções e inspira muitas reações. Diz muito em poucas palavras, embora não seja uma proposição com um significado a ser compreendido; ela atinge, afeta, provoca, emociona, impacta. Obriga o outro a responder, pensar, associar, sentir, elaborar; convoca o pensamento e a imaginação, a inteligência e os afetos, a criatividade e a intuição.

Já dissemos nos capítulos anteriores que a interpretação psicanalítica e a metáfora propiciam conhecimento emocional, que é diferente do conhecimento teórico e intelectualizado. A mudança psíquica só é possível a partir de um conhecimento adquirido com base na experiência emocional. Gostaria, agora, de retomar e aprofundar esse aspecto.

3. Conhecimento emocional e experiência estética

A interpretação psicanalítica pode ser pensada, ainda que de maneira redutora e simplista, como a tentativa de transformar o inconsciente em consciente. O objetivo seria a "tomada de consciência". Esse termo precisa ser analisado com cuidado, e Monique Schneider fez isso com muita precisão[126].

O termo alemão que Freud usou foi *Annahme*, que não tem uma conotação tão intelectualista quanto o termo "tomada de consciência" pode ter. A interpretação, portanto, propiciaria *Annahme*, mais do que "tomada de consciência". O objetivo da interpretação, escreve ela, "não é o de ensinar o que seria

---

126 Schneider, M. – *op. cit.*

supostamente não sabido, mas o de *sabê-lo de outra forma*"[127]. A noção de "tomada de consciência" traz consigo as metáforas do olhar, da captura, da objetivação: não se trata disso na experiência psicanalítica. De que se trata então? O que seria saber de outra forma? O que seria *Annahme*?

Esse termo poderia ser traduzido por "aceitação" ou "admissão", no sentido de crédito, de reconhecimento de uma realidade. Trata-se de reconhecer que o mundo não está distante, mas que estamos imersos nele, participando dele: "*Annahme*, na realidade, não significa ver, objetivar, mas, ao contrário, admitir, adotar, assimilar, ou seja, fazer seu, movimento que engaja o ser ao invés de desengajá-lo, em conformidade à metáfora distanciadora do olhar. Não se trata somente de constatar um processo, mas de desposá-lo, de acolhê-lo em si, de dar-lhe um lugar, e quando se trata de representações anteriormente apreendidas como insuportáveis, este movimento de admissão evoca mais a idéia de uma abdicação que de uma tomada de poder, e compreende-se que o sujeito 'resista', tanto quanto pode, antes de aceitar a rendição"[128].

A *Annahme* tem mais a ver com implicar-se do que com liberar-se. É a abolição de toda distância, é deixar de olhar um espetáculo externo, é o fim da ilusão da exterioridade: "queda em si". Tem mais a ver com sujeição do que com um controle sobre o objeto: "O que se revela aqui não é a vitória de uma lucidez dominadora, mas um tipo de rendição a isto que não está frente a si, mas já em si... Não é efetuar uma constatação, é correr o risco de se deixar levar, já que a *Annahme* é, indissoluvelmente, reconhecimento e adoção. É nisto que a admissão

---

127 *Idem*, p. 69. Os grifos são meus.
128 *Idem*, p. 72.

Quando a interpretação psicanalítica é tocada pela metáfora

de uma representação constitui um movimento *indissoluvelmente representativo e afetivo*"[129].

A *Annahme* é o que chamei de *conhecimento emocional, indissoluvelmente intelectual e afetivo*, conhecimento que não surge a partir da observação distanciadora e da reflexão intelectual, mas surge do engajamento de todo o ser na experiência, surge de um movimento que é visceral, total: "Para que o acontecimento seja conhecido é preciso que seja apreendido como ultrapassando o sujeito, impondo-se a ele do interior e do exterior ao mesmo tempo, harmonia que não se dá a não ser em um *afeto*: momento de posse-renúncia onde o sujeito só dominará a realidade à medida que se deixe surpreender por ela. É no ponto de junção entre estes dois movimentos antagônicos que se produz um efeito de verdade"[130].

Monique Schneider mostra que, quando isso se dá, o salto no vazio e o risco de desapropriação dificilmente poderão ser evitados. O momento da *Annahme* é geralmente maciço e dramático. O impacto e a emoção, e por vezes o encantamento, são seu contraponto; seu efeito é avassalador: "A conseqüência desta operação não está na expansão do panorama psíquico oferecido à consciência. Não se trata de ver mais, mas de *tornar a si mesmo outro, de existir de modo diferente*, para além da ruptura experimentada e da rendição aceita"[131]. Aí está uma diferença fundamental entre o saber intelectualmente e o "reconhecimento por adoção": este subentende mudança psíquica e, por isso mesmo, nunca se dá instantaneamente, e sim depois de um longo trabalho de construção e elaboração, muitas vezes lento e difícil.

---

129 *Idem*, p. 73. Os grifos são meus.
130 *Idem*, p. 99.
131 *Idem*, p. 75-76. Os grifos são meus.

A transformação psíquica pela via do conhecimento emocional depende da possibilidade de perder-se, de lançar-se num movimento de posse-renúncia e de mergulhar numa corrente emocional potente. Monique Schneider compara esse processo ao que Merleau-Ponty aponta como sendo próprio da *expressão estética*: a operação expressiva não designa uma experiência, mas sim *realiza* e *efetua* tal experiência, confere existência a ela; a palavra não designa algo, mas *torna-se a presença dele*; não se trata de significação conceitual, e sim de significação *existencial e afetiva*, que não é traduzida pelas palavras, mas que as habita. Não podemos deixar de notar o quanto essa concepção de expressão estética é próxima da noção de nomeação com que temos trabalhado até agora, e o quanto a indissolubilidade entre o intelectual e o afetivo é central em ambas.

A "terapêutica", para usar o termo de Monique Schneider, ou a interpretação psicanalítica, para falar nos termos deste trabalho, será a tentativa de retomar a expressão em condições mais favoráveis que as do sintoma. O sintoma é a expressão petrificada; a nomeação, a metaforização e a *Annahme* propiciam uma expressão menos congelada e mais viva, possibilitam a transformação da expressão petrificada em expressão estética, a transformação da fala designativa em fala afetiva, fala "afetada" que brota de um sujeito também "afetado": "É porque a realidade não será mais somente evocada, mas presentificada, 'efetuada', como dizia Merleau-Ponty da expressão estética, que a fala se tornará não mais espaço de designação, mas lugar de uma transformação de si, de um 'tornar-se outro'. O afeto aparece como garantia deste preenchimento do espaço da fala"[132].

---

132 *Idem*, p. 101.

Quando a interpretação psicanalítica é tocada pela metáfora

Outros autores poderão ser "ouvidos" para podermos pensar a relação do conhecimento emocional, em particular, e da experiência psicanalítica em geral, com a *experiência estética*. Em que sentido podemos dizer que a experiência psicanalítica tem afinidade com a experiência estética, poética?

Para Octavio Paz, a experiência poética é sempre e basicamente um ir além de si para tornar-se outro, mas um outro que é ele mesmo. A experiência poética é transformação, mudança, "metamorfose e operação alquímica". É uma experiência que propicia ao homem sair de si mesmo e, simultaneamente, regressar ao que ele é mais profunda e originalmente: é um ser a si mesmo mais totalmente.

Na experiência poética, uma realidade cotidiana de repente se revela como sendo o nunca visto: é a experiência do outro, experiência carregada de assombro, mistério, estranheza, mas também de reconhecimento e fascínio. A visão da alteridade é insuportável e fascinante ao mesmo tempo. A descrição de Octavio Paz é belíssima: "Assombro, estupefação, alegria, a gama de sensações diante do Outro é muito rica. Mas todas elas têm isso em comum: o primeiro movimento é de recuo. O Outro nos repele: abismo, serpente, delícia, monstro belo e atroz. E a essa repulsa sucede o movimento contrário: não podemos tirar os olhos da presença, inclinamo-nos em direção ao fundo do precipício. Repulsa e fascínio. E depois, a vertigem: cair, perder-se, ser um com o Outro. Esvaziar-se. Ser nada: ser tudo: ser. Força de gravidade da morte, esquecimento de si, abdicação e, simultaneamente, dar-se conta instantaneamente de que essa presença estranha é também nós. Isso que me repele, me atrai. Esse Outro é também eu. O fascínio seria inexplicável se o horror diante da 'alteridade' não estivesse, desde sua raiz, sustentado pela suspeita de nossa identidade com aquilo que de tal maneira nos parece estranho e distante... A experiência do Outro culmina na experiência da Unidade... O precipitar-se no Outro se apresenta como um regresso a algo de que fomos arrancados. Cessa a dualidade, estamos na outra margem. Demos o salto mortal. Reconciliamo-nos com nós mesmos"[133].

Ir além de si para ser outro, o habitual que se revela como o nunca visto, assombro e alegria, recuo e avanço, repulsa e fascínio, a identidade com o que parece estranho e distante, perder-se no outro e reencontrar-se consigo mesmo: não estamos também falando da experiência psicanalítica? Não estamos falando da *Annahme* de Freud?

"Às vezes, sem causa aparente – ou como dizemos: *porque sim* – vemos de verdade o que nos rodeia. E essa visão é, à sua maneira, uma espécie de teofania ou aparição, pois o mundo se revela para nós em suas dobras e abismos... Todos os dias cruzamos a mesma rua ou o mesmo jardim; todas as tardes nossos olhos tropeçam no mesmo muro avermelhado, feito de ladrilho e tempo urbano. De repente, um dia qualquer, a rua dá para outro mundo, o jardim acaba de nascer, o muro cansado se cobre de signos. Nunca os havíamos visto e agora nos espanta que sejam assim: tanto e tão esmagadoramente reais. Sua própria realidade compacta nos faz duvidar: as coisas são assim ou são de outro modo? Não, isso que estamos vendo pela primeira vez já havíamos visto antes. Em algum lugar, em que talvez nunca estivemos, já estavam o muro, a rua, o jardim. E à estranheza sucede a nostalgia. Parece que estamos recordando e queremos voltar lá, a esse lugar onde as coisas são sempre assim, banhadas por uma luz antiqüíssima e, ao mesmo tempo, acabada de nascer. Nós também somos de lá. Um sopro nos golpeia a face. Estamos encantados, suspensos no meio da tarde imóvel. Adivinhamos que somos de outro mundo. É a 'vida anterior' que regressa"[134].

---

133 Paz, O. – *El arco y la lira*, México, Fondo de Cultura Economica, 1990, p. 132-133.
134 *Idem*, p. 133-134.

Quando a interpretação psicanalítica é tocada pela metáfora 137

Os *momentos poéticos* que por vezes vivemos na situação analítica são os momentos – tão raros, mas tão dramáticos e preciosos – em que a *Annahme* se dá, em que podemos "saber de outra forma" – indissoluvelmente intelectual e afetiva – em que nos transformamos ("queda em si") a partir de uma revelação que se impõe. Momentos em que nos perdemos diante das serpentes e delícias, momentos em que vemos o antigo como se acabasse de nascer. Momentos que surgem a partir de um mergulho afetivo e que, ao mesmo tempo, provocam a irrupção de afetos intensos. Ao encantamento e à estranheza que nos tomam, poderíamos chamar de *emoção estética*. E é a *atitude estética*, tal qual vimos no capítulo sobre a interpretação psicanalítica, que vai permitir, que vai ser a mais propícia para que esse poético possa brotar.

4. A metaforização psíquica na experiência psicanalítica

Eu havia dito, anteriormente, que a metaforização que a interpretação psicanalítica pode produzir não se dá pelo simples fato de usar metáforas na fala. A metaforização é um processo que, embora tenha afinidade com a metáfora na fala e dependa dela para ocorrer, ganha contornos particulares quando se dá no nível psíquico. Gostaria de retomar essa questão.

O que seria a metaforização no nível psíquico? O que seria isso que uma interpretação tocada pela metáfora pode produzir? Se, como escreve Monique Scnhneider, "a linguagem não só diz as coisas, ela as muda"[135], que mudança seria essa?

---

135 Schneider, M. – *op. cit.*, p. 21.

Penso que já falei dessa questão de maneira esparsa ao longo deste trabalho e pretendo retomá-la agora de maneira mais concentrada e organizada.

A primeira observação a ser feita é a de que a interpretação psicanalítica tocada pela metáfora tem a capacidade de afetar, não só pelos poderes da metáfora em si, ou por sua afinidade estrutural com o trabalho realizado pela interpretação, mas também – o que é fundamental – porque *o psiquismo funciona metaforicamente*, e isso em vários níveis e sentidos.

As ligações psíquicas são feitas em termos de metáforas, em termos de substituições sucessivas de representações – *transportes sucessivos* – com base em relações de semelhança, existentes *a priori* ou instituídas no próprio momento de constituição da relação metafórica. Os objetos, afetos, desejos, pulsões "originais" são falados através de substitutos simbólicos, metafóricos. O sintoma é uma metáfora, assim como o sonho. Lacan já mostrou que a condensação é uma metáfora, assim como o deslocamento é uma metonímia.

Vera Stela Telles, num trabalho que tem muita afinidade com este que estou desenvolvendo, assim escreve sobre o estatuto das palavras do paciente na situação de análise: "Talvez sejam apenas metáforas: falam daquilo que não pode ser dito diretamente. Daquilo que ainda não recebeu o dom da palavra. Que não pode, por isso mesmo, nascer para o universo do presente, do consciente, do "real". O inconsciente só pode manifestar-se por parábolas, indiretamente; é essencialmente símbolo e, como tal, está também pelo que não está"[136].

---

136 Telles, V. S. – *Metáfora, transferência: a constituição do campo psicanalítico*, dissertação de mestrado apresentada ao Departamento de Filosofia, Letras e Ciências Humanas da USP, em 1979, p. 6-7. Neste trabalho, a autora faz um estudo epistemológico da psicanálise, tendo como eixo o conceito de metáfora, e conclui: "A descoberta do inconsciente permitiu à psicanálise recuperar a metáfora

Quando a interpretação psicanalítica é tocada pela metáfora

As associações livres, portanto, também são metáforas, e é isso que nos permite tomar a fala do paciente como sendo uma metáfora, é isso que me permitiu, por exemplo, tomar o "tenho AIDS" de Roberta como uma metáfora de algo que ela vive no nível psíquico.

A transferência também é metáfora: transporte de experiências passadas para o presente, transporte de vivências ligadas a um objeto original para a figura do analista. Laplanche, num artigo interessante[137], mostra que a metáfora – e também a metonímia – não são simples figuras de retórica; são também "modos de derivação" tanto dos conceitos, como dos "seres" psíquicos, das próprias "entidades" psicanalíticas. Para ele, não só o conceito de "trauma psíquico", por exemplo, é derivado metaforica e metonimicamente do conceito de trauma da medicina, como também a própria transferência, enquanto fenômeno psíquico, é gerada a partir de um engate metafórico.

Num outro exemplo, Laplanche fala da sexualidade: "Uma outra derivação, uma outra gênese surge diante de nós, no decorrer da qual a sexualidade infantil se desprende de toda uma série de atividades não sexuais, emergindo, por assim dizer, do 'apoio' que a faz primeiramente apoiar-se nas funções de autoconservação... Um dos movimentos é a *metaforização do alvo* que, da ingestão alimentar, no nível do instinto de autoconservação, nos faz passar para a incorporação fantasmática e para a introjeção como processos psíquicos reais – dessa vez no nível da pulsão"[138].

---

para o campo do pensamento e com este ato superar a posição tradicional da ciência, no que se refere à relação do sujeito e do objeto" (p. 166).

137 Laplanche, J. – "Derivação das entidades psicanalíticas", in *Vida e morte em psicanálise*, Porto Alegre, Artes Médicas, 1995.

138 *Idem*, p. 141.

Assim, o psiquismo conhece bem a linguagem da metáfora e a interpretação psicanalítica tocada por ela pode afetá-lo tão amplamente porque reproduz, ou, para falar nos termos deste trabalho, porque presentifica, "imita" – mimetiza – processos que estão operantes o tempo todo. A interpretação metafórica é eficaz porque encontra ressonância no mundo mental: seu modo de operar é afim ao modo do funcionamento psíquico.

Para pensarmos, então, no que seria a metaforização psíquica obtida pela interpretação, e partindo da idéia de que o psiquismo naturalmente metaforiza, poderíamos começar pensando no que seria a "não-metaforização": o "defeito", a interrupção ou a falta dela, que estariam pedindo uma "correção", reinstalação ou criação.

Já vimos que, para Monique Schneider, o sintoma é a expressão petrificada, "desafetada", o afeto reduzido ao silêncio, truncado, abortado, tornado indizível.

Isso ficará mais matizado se tomarmos um texto em que ela compara as idéias de Freud e Ferenczi[139], diferenciando o *sepultamento* do *estilhaçamento*. No primeiro caso, que é o do recalque secundário esboçado por Freud, as experiências tornam-se indizíveis, mas ficam conservadas, e a censura apenas impede a transcrição (expressão) fiel, produzindo uma transcrição (expressão) defeituosa. Já no outro caso, que é o do recalque primário, as experiências são apagadas como se não tivessem acontecido: não há qualquer inscrição, não há qualquer expressão. Poderíamos talvez falar em "metaforização (nomeação) defeituosa", num caso, e em "ausência de metaforização (nomeação)", no outro.

---

139 Schneider, M. – "Trauma e filiação em Freud e em Ferenczi", *Percurso – Revista de Psicanálise*, nº 10, São Paulo, 1993.

Quando a interpretação psicanalítica é tocada pela metáfora   **141**

Ferenczi, por sua vez, enfatiza mais esta última situação, e Monique Schneider, através de uma metáfora muito bem escolhida, propõe que mudemos de cidade: em vez de Pompéia, devemos pensar em São Francisco depois do terremoto. O indizível não é sempre o resultado de sepultamento ou ocultamento; muitas vezes é resultado de amputação, mutilação, fragmentação, destroçamento, que é um processo mais radical e dilacerador. O trabalho não seria o de desenterrar ou recuperar experiências que foram tornadas indizíveis, mas o de construir algo que nunca chegou a se constituir, já que foi abortado e destroçado muito precocemente: "A eficácia terapêutica da análise dependeria de o paciente poder, de uma maneira ou de outra, *dar à luz* esta experiência, abortada na sua própria constituição pelo impacto das defesas mobilizadas para se proteger dela"[140].

O trabalho seria não apenas o de "corrigir" a transcrição defeituosa e recuperar a inscrição original, seria não somente o de reinstalar a metaforização ou propor uma metaforização alternativa, menos petrificada e petrificante, mais "afetada", mas também o de permitir a inscrição que não pôde se dar, provocar uma metaforização que nunca houve, permitir que algo seja dito pela primeira vez. É um trabalho mais difícil, na medida em que não só tenta construir uma ponte para chegar à experiência escondida, mas também tenta construir o próprio ponto de chegada, a outra margem. O trabalho é o de inscrever, permitir que a experiência seja registrada, e isso só pode ser feito através de uma nomeação especial. Não qualquer nomeação, mas a nomeação que a metáfora realiza, nomeação que não mata a experiência vivida com um nome, mas que dá existência a ela, a faz

---

140 *Idem*, p. 35. Os grifos são meus.

viver. A experiência nomeada pode despertar, ver o dia, pode ser falada, vivida, parida – e inscrita.

Numa posição muito próxima a esta, Luis Cláudio Figueiredo fala do trauma como "acontecimento inconcluso": o acontecimento traumático irrompe devastadoramente e desancora, levando à impossibilidade de pensar e simbolizar. Em suas palavras: "O primeiro momento do acontecimento – o da irrupção devastadora – permaneceria como representação-coisa, fechada a toda circulação significante, desligada, imobilizada, incapaz de transitar e interrompendo o trânsito, como um fosso e mais ainda como um abscesso irredutível, incômodo e não metabolizável na trama das representações; seria o não-traduzido e intraduzível que impõe o – nesta situação inviável – trabalho metaforizante de figuração"[141]. Nessa situação, portanto, será preciso a intervenção de uma fala especial, uma fala que restabeleça o trânsito, que permita que o acontecimento acabe de acontecer e que se torne disponível para a simbolização e para a elaboração representativa. Essa fala especial é a "resposta metaforizante", a fala nomeadora que dá alguma figurabilidade a esse fosso indizível, a esse abscesso irrepresentável, e permite que eles possam ser, a partir daí, metabolizados.

A partir dessas considerações, podemos pensar a *metaforização psíquica* operada pela interpretação psicanalítica tocada pela metáfora em dois sentidos, os quais, antes de serem diferentes entre si, são, na verdade, diferentes maneiras de olhar para o mesmo processo.

---

141 Figueiredo, L. C. – "Fala e acontecimento em análise", in *Escutar, recordar, dizer: encontros heideggerianos com a clínica psicanalítica*, São Paulo, Escuta/Educ, 1994, p. 161-162.

Quando a interpretação psicanalítica é tocada pela metáfora   143

O primeiro sentido tem a ver com as idéias de Alfredo Bosi, examinadas no capítulo anterior: a metáfora tenta franquear o intervalo entre a imagem e a palavra, entre algo que é matriz e se dá no registro do imediato e simultâneo, e algo que se dá no registro da mediação e da temporalidade. A metáfora articula e faz coexistirem esses dois registros, mas não como uma simples mistura, e sim como uma costura bem arrematada. A metáfora tenta compensar a perda que há quando usamos palavras para falar das coisas; tenta recuperar a imagem, o "sabor" da imagem, trazê-la à tona, explorar suas entranhas, comunicá-la. Na metáfora, segundo Bosi, a imagem reponta, resiste, recrudesce. Essa é a sua especificidade, o que a torna diferente da linguagem comum, que geralmente permanece no registro da temporalidade e da mediação, e deixa a imagem – a matriz – esquecida num canto qualquer.

Será preciso retomar ainda outras idéias do capítulo anterior para que possamos completar nossa argumentação: a metáfora é a única maneira de se aproximar um pouco de experiências que, de outra forma, permaneceriam distantes. A metáfora diz o indizível, nomeia, e, ao fazê-lo, *funda* e *dá existência* a algo que até então existia apenas como possibilidade.

Como poderíamos pensar esses processos em termos da vida psíquica? O que seria a metaforização que a interpretação psicanalítica tocada pela metáfora pode promover?

O trabalho que a interpretação psicanalítica faz poderia ser pensado em termos de tentativa de inscrição – e nesse caso as idéias do "fundar", do "dar existência" e do "dar à luz" que a metáfora inspira, aparecem sob nova luz – ou em termos de ligação, articulação, costura bem arrematada entre registros diferentes: entre afeto e representação, entre experiências indizíveis e palavras pronunciadas. Não é um trabalho simples, e já vimos que não se trata, por exemplo, de apenas pôr os afetos em palavras. Trata-se, sim, de dar um nome que, ao invés de falar à distância do afeto, ao invés de designá-lo "desafetadamente", petrificadamente, possa falar dele de perto, tão de perto que o afeto fique dentro do nome, encarnado nele. Essa é a "fala afetada", fala enraizada no afeto, que pode articular os registros sem perdê-los, ou que pode criar um registro ainda inédito. Esse é o trabalho que a interpretação psicanalítica realiza, trabalho de metaforização psíquica, trabalho de trazer à tona, explorar as entranhas e comunicar os afetos, o indizível – a matriz que, como vimos, pede para ser falada, pede para ser inscrita, pede para ser conduzida verbalmente.

Podemos pensar ainda que a interpretação psicanalítica pode articular e costurar outros registros heterogêneos: passado e presente, inconsciente e consciente, processos primários e processos secundários, e assim por diante. E convém ressaltar que também aqui não se trata, por exemplo, de simplesmente contar o passado no presente da sessão, ou de secundarizar e eliminar o que é da ordem dos processos primários. Trata-se, antes, de trazer à tona o passado, de modo que ele passe a fazer parte do presente, o mesmo se dando com as outras matrizes.

Esse é o trabalho da interpretação psicanalítica, trabalho realizado sobre a vida psíquica, e que é o mesmo trabalho que a metáfora realiza sobre as palavras. É nesse sentido que a interpretação psicanalítica metaforiza, e é por isso que a metáfora potencializa o seu poder.

A metaforização psíquica também pode ser pensada a partir de outro viés: a idéia do *transporte*, do trânsito. Metaforizar é transportar, é movimentar. A interpretação psicanalítica tocada pela metáfora transporta um nome, nomeia uma experiência até então sem nome, sem forma, sem contornos e, por isso mesmo, desligada e imobilizada. Se a metáfora é oportuna (poderia não ser), a nomeação se dá e provoca um outro movimento: a experiência, agora configurada – mesmo que minimamente e por um segundo fugaz –, pode ser falada e pensada,

Quando a interpretação psicanalítica é tocada pela metáfora **145**

pode ser metabolizada, pode transitar, o que permite que ela se engate tanto com outras experiências do sujeito, quanto com o mundo fora de si. A experiência configurada é transportada de um patamar a outro. Ao transportar, a interpretação psicanalítica tocada pela metáfora permite e provoca transportes.

Outros transportes podem ocorrer se a metaforização psíquica se der: do indizível para o pensável, do amorfo para o figurável, do concreto para o simbólico (em pacientes psicóticos, por exemplo), do corpo para o psíquico (como no caso da "AIDS mental"), do unívoco e chapado para o polissêmico e ressonante, do petrificado para a circulação, da clausura para a *liberdade*.

E se lembrarmos que, para Octavio Paz, o poeta é aquele que põe as palavras em liberdade, talvez pudéssemos dizer que, num certo sentido, que vai além de um simples – simples? – trabalho com palavras, o analista realiza um trabalho que é poético.

CONCLUSÃO
TERMINANDO O INTERMINÁVEL

"... o trabalho de escrever pressupõe uma ferida e uma perda, um trabalho de luto, cujo texto é a transformação em uma positividade fictícia. Nenhuma criação pode ocorrer sem esforço ou aplicação, sem um penoso esforço sobre o qual está a pseudovitória. Pseudo, porque essa vitória só pode durar por um tempo limitado, porque é sempre contestada pelo próprio autor, que constantemente deseja começar de novo e, assim, negar o que já foi feito, negar, em todo caso, que o resultado, por mais satisfatório que pudesse parecer, deveria ser tomado como o produto final".

ANDRÉ GREEN[142]

Na introdução deste trabalho, perguntei-me sobre a dimensão estética, poética da experiência psicanalítica. Se o poético brota nos meandros de nosso trabalho, qual é a sua qualidade e o seu lugar? Para tentar responder a isso, escolhi dois eixos que pudessem afunilar e circunscrever minha área de pesquisa – a metáfora e a interpretação. Outros eixos poderiam ter sido escolhidos, e efetivamente já o foram por outros autores – alguns dos quais citados ao longo deste trabalho –, e provavelmente ainda o serão em novos trabalhos dentro desse campo tão fascinante.

---

142 Green, A. – "O duplo e o ausente", in *Sobre a loucura pessoal*, Rio de Janeiro, Imago, 1988, p. 326.

148 *Palavra Pescando Não-palavra*

Examinando a metáfora e a interpretação – a metáfora tal qual aparece na poesia e na literatura e a metáfora tal qual aparece nas falas dos analisandos e dos analistas; a interpretação de obras de arte e a interpretação psicanalítica tal qual se dá na clínica – pude chegar a algumas respostas à minha questão, respostas evidentemente provisórias e em busca de interlocução.

A metáfora é um dos recursos que o analista possui para dar conta de sua "tarefa paradoxal": usar a palavra para dar voz à não-palavra. A palavra é limitada, pode esmagar as entrelinhas, como disse Clarice Lispector, mas é só através da palavra – da metáfora, da palavra poética – que podemos alcançar, ainda que de modo precário e fugaz, as experiências mais fundamentais: quando se torna poética, a palavra ultrapassa seus próprios limites.

Essas experiências fundamentais, portanto, que são mudas e que pedem para ser nomeadas, chamam o poético, exigem-no – e Freud já havia notado isso em 1895, ao dizer que lidamos com um "objeto especial" que só pode ser descrito através de um estilo literário.

A presença da metáfora na interpretação psicanalítica faz com que a fala se torne "enfatizada, tensionada pela função poética"[143], e passe a ter alcance e poder excepcionais. A metáfora poética e a interpretação psicanalítica têm uma afinidade estrutural, e quando a metáfora toca a interpretação ocorre uma potencialização de efeitos, que se torna mais intensa ainda quando lembramos que o psiquismo, por sua vez, também funciona metaforicamente. Poeticamente.

O enquadre na situação analítica é "montado" para propiciar o surgimento dessa palavra tão peculiar, dessa palavra que pode tocar muito

---

143 Campos, H – *O afreudisíaco Lacan na galáxia de lalíngua (Freud, Lacan e a escritura)*, Salvador, Fundação Casa de Jorge Amado, 1990, p. 7.

Terminando o interminável

mais profundamente do que uma passada de mão na bunda. Do lado do analisando, o deitar-se no divã, a associação livre, o soltar livremente as palavras, de modo a que elas possam dizer mais – ou menos – do que ele pretende. Do lado do analista, a atenção flutuante, a atitude estética, a contratransferência ressonante, de modo que ele possa sintonizar as tonalidades e as vibrações do não-dito. A escuta, portanto, também tem uma dimensão poética: escutamos os pacientes com a mesma atitude que temos diante de uma obra de arte, e é nesse sentido que a interpretação psicanalítica tem afinidade com a interpretação da arte.

Assim, a fala e a escuta estão livres e dispostas a mergulhar nos múltiplos sentidos e sonoridades das palavras. Polissemia e ressonância. Uma fala outra que requer uma escuta outra; uma escuta outra que permite o brotar da fala outra.

Não é possível e nem desejável escapar do poético. A presença abundante de metáforas é um fato observável na clínica. Vimos que além de elas se distinguirem dos clichês, elas se distinguem dos conceitos, embora não sejam epistemologicamente inferiores a eles. Vão além do puro ornamento e do puro conhecimento intelectual; são a única maneira de se aproximar de experiências que de outra forma permaneceriam distantes: as metáforas dizem o indizível.

Os momentos poéticos são aqueles em que a metáfora efetivamente nomeia, em que o conhecimento emocional (*Annahme*) se dá, em que uma alegria, ou uma dor especial (emoção estética), invade a cena. Talvez esses momentos sejam mesmo muito raros; a conversa analítica é muitas vezes banal, narrativa. Mas penso que estamos o tempo todo à espera ou em busca do poético – com tranqüilidade, com serenidade. Estamos disponíveis. E quando o poético se dá, eis os momentos mais fortes, transformadores e inesquecíveis.

Quando Freud, com uma mistura de medo e fascínio, faz comparações entre o trabalho do psicanalista e o do poeta, admite que há afinidade entre eles, mas esta é circunscrita ao fato de ambos serem profundos conhecedores dos processos psíquicos, da alma humana. Outras possíveis afinidades, como, por exemplo, a criação e a cumplicidade com o imaginário, são negadas, porque ameaçam a cientificidade tão almejada por ele.

Hoje podemos olhar com outros olhos para essas afinidades, olhos menos temerosos e ameaçados. As afinidades entre o trabalho do psicanalista e o do poeta, entre a experiência psicanalítica e a experiência estética, existem e são mais profundas e estruturais do que Freud podia admitir. Por outro lado, é sempre bom lembrar que tais afinidades não fazem da psicanálise uma arte, nem do psicanalista um poeta; ao mesmo tempo, tais afinidades não eliminam a possibilidade de a psicanálise ter também uma dimensão científica ou filosófica.

A arte é um modo específico de os homens entrarem em relação com o universo e consigo mesmos. Para Alfredo Bosi, "a arte é um conjunto de *atos pelos quais se muda a forma*, se trans-forma a matéria oferecida pela natureza e pela cultura... A arte é uma produção; logo, supõe trabalho. Movimento que arranca o ser do não ser, a forma do amorfo, o ato da potência, o cosmos do caos"[144]. Em outras palavras, a arte é um *fazer configurador*, e esse é um aspecto central da interpretação psicanalítica.

O que é configurado pela arte? Para Bosi, trata-se de eventos internos que são transformados em formas simbólicas: há uma "fonte de energia" e um "signo" que a veicula ou a encerra. Nas suas palavras: "A energia persegue formas que a liberem e, ao mesmo tempo, a intencionem e a modulem. O *pathos* que não encontra essas formas pulsa

---

144 Bosi, A. – *Reflexões sobre a arte*, São Paulo, Ática, 1989, p. 13. Os grifos são meus.

Terminando o interminável 151

aquém da experiência artística. Quem chora ainda não está cantando"[145]. Ou seja, os eventos internos, amorfos, pedem para ser transformados numa forma que possa, ao mesmo tempo, configurá-los e veiculá-los. Na arte, o choro é transformado em canto; na experiência psicanalítica o afeto indizível é configurado por uma metáfora nomeadora. No entanto, o canto, ao transformar o choro, não acaba com ele, e nem fala sobre ele; ao contrário, o canto presentifica o choro, o tem encarnado. O mesmo se dá quando a interpretação psicanalítica nomeia um afeto: presentação, presentificação, fala "afetada". O indizível, entretanto, nunca se transforma totalmente em fala; o choro continua pulsando no canto. E o canto jamais tem a transparência absoluta que nos permitiria, enfim, compreendê-lo. Ocultamento e mistério pertencem ineludivelmente à arte e à psicanálise[146].

A experiência psicanalítica tem, ainda, uma afinidade com a experiência estética e poética, tal qual esta é pensada por Octavio Paz: é um tornar-se outro, perder-se no outro e reencontrar-se consigo mesmo; é um mergulhar no espanto e no fascínio que surgem quando o familiar é explodido e o habitual se revela como o nunca-visto. Também Heidegger pensa a experiência com a arte em termos da passagem do habitual ao espanto: "O que nos parece natural é unicamente o habitual do há muito adquirido, que fez esquecer o inabitual, donde provém. Este inabitual, todavia, surpreendeu um dia o homem como algo de estranho, e levou o pensamento ao espanto"[147].

---

145 *Idem*, p. 56.
146 A propósito, o conceito de imitação-mimese, que tem afinidade com a "presentação", e que emprestamos da estética para pensar a psicanálise, é um conceito bastante polêmico, além de já ter uma história que pode ser medida em séculos. Valeria a pena estudá-lo mais detidamente, para ampliar nossas reflexões. Deixarei essa tarefa para uma próxima oportunidade.
147 Heidegger, M. – *A origem da obra de arte*, Lisboa, Edições 70, 1992, p. 17.

Para ir terminando o interminável, diria que tanto a experiência estética como a psicanalítica propiciam conhecimento emocional, conhecimento que, de um lado, se dá pela via da experiência emocional e, de outro, provoca emoção. Uma gama enorme de emoções, do encanto à estranheza, do fascínio ao rechaço. Vislumbre, deslumbre, revelação. Conhecimento que rompe com os padrões habituais, causa um impacto e transforma. Transformação que se dá a partir de um processo que é um mergulho e uma entrega, processo indissoluvelmente intelectual e afetivo, processo que invoca o pensamento racional e a imaginação, a inteligência e a criatividade.

São palavras de Heidegger: "O que à primeira vista parece um título para um tema – poesia e pensamento – revela-se como a inscrição imemorial do destino humano. A inscrição sinaliza que poesia e pensamento se pertencem mutuamente"[148].

Pensar e poetar. Pensar, poetar e psicanalisar.

---

148 Heidegger, M. – "La palabra" (1958), in *De camino al habla*, Odós, p. 213.

REFERÊNCIAS BIBLIOGRÁFICAS

AMOROSO, Leonardo – "La *Lichtung* de Heidegger como *lucus a (non) lucendo*", in Vattimo, G. e Rovatti, A. (orgs.) – *El pensamiento débil*, Madri, Cátedra, 1990

ARISTÓTELES – *Poética*, São Paulo, Abril Cultural (Os Pensadores), 1984

BIRMAN, Joel e NICÉAS, Carlos Augusto – "Constituição do campo transferencial e o lugar da interpretação psicanalítica – um estudo sobre o pensamento de Freud", in Birman, J. e Nicéas, C. A. (orgs.) – *Transferência e interpretação*, Rio de Janeiro, Campus, 1982

BLACK, Max – "Como as metáforas funcionam: uma resposta a Donald Davidson", in *Da metáfora*, São Paulo, Educ/Pontes, 1992

BLANCHOT, Maurice – "A fala analítica", *Boletim de Novidades Pulsional*, nº 49, São Paulo, 1993

BLOOM, Harold – "Freud e o complexo de Hamlet", *Folha de S.Paulo*, caderno Mais!, 28/8/1994

BOSI, Alfredo – "A interpretação da obra literária", in *Céu, inferno. Ensaios de crítica literária e ideológica*, S.Paulo, Ática, 1988
_____ *Reflexões sobre a arte*, São Paulo, Ática, 1989
_____ *O ser e o tempo da poesia*, São Paulo, Cultrix, 1993

BUARQUE DE HOLANDA FERREIRA, Aurélio – *Novo dicionário básico da língua portuguesa Folha/Aurélio*, São Paulo, Folha de S. Paulo/Nova Fronteira, 1995

CAMPOS, Haroldo de – *O afreudisíaco Lacan na galáxia de lalíngua (Freud, Lacan e a escritura)*, Salvador, Fundação Casa de Jorge Amado, 1990

CARONE, Marilene – "A edição brasileira de Freud", in Souza, P.C. (org.) – *Sigmund Freud e o gabinete do Dr. Lacan*, São Paulo, Brasiliense, 1989

CHNAIDERMAN, Miriam – *O hiato convexo – literatura e psicanálise*, São Paulo, Brasiliense, 1989

_____ "Espelhos contemporâneos – Régis Bonvicino e Arnaldo Antunes tematizam o esvaziamento do eu", *Folha de S.Paulo*, caderno Mais!, 21/8/1994

COHEN, Ted – "A metáfora e o cultivo de intimidade", in Sacks, S. (org.) – *Da metáfora*, São Paulo, Educ/Pontes, 1992

COOPER, David – *Metaphor*, Cambridge, Basil Blackwell Publisher, 1986

COUTO, José Geraldo – "O pedreiro do verso", entrevista com João Cabral de Melo Neto, *Folha de S.Paulo*, caderno Mais!, 22/5/1994

DAVIDSON, Donald – "O que as metáforas significam", in Sacks, S. (org.) – *Da metáfora*, São Paulo, Educ/Pontes, 1992

FÉDIDA, Pierre – "A ressonância atonal. Sobre a condição de linguagem do analista", "Do sonho à linguagem" e "O sítio do estrangeiro", in *Nome, figura e memória*, São Paulo, Escuta, 1991

_____ "Introdução a uma metapsicologia da contratransferência", *Revista Brasileira de Psicanálise*, nº 20, São Paulo, 1986

_____ "Amor e morte na transferência", in *Clínica psicanalítica: estudos*, São Paulo, Escuta, 1988

FIGUEIREDO, Luis Cláudio – *Escutar, recordar, dizer – encontros heideggerianos com a clínica psicanalítica* (incluindo "Fala e acontecimento em análise"), São Paulo, Escuta/Educ, 1994

_____ "Pensar, escutar e ver na clínica psicanalítica", *Percurso – Revista de Psicanálise*, nº 16, São Paulo, 1996

_____ "A fabricação do estranho: notas sobre uma hermenêutica 'negativa'", *Boletim de Novidades Pulsional*, nº 57, São Paulo, 1994

_____ "Psicologia e cientificidade – para uma política do rigor", *Jornal do Conselho Federal de Psicologia*, nº 38, 1995

FONSECA, Eliane – *A palavra in-sensata. Poesia e psicanálise*, São Paulo, Escuta, 1993

Referências bibliográficas

FREUD, Sigmund – *Obras Completas de Sigmund Freud*, Madri, Biblioteca Nueva, 1973
_____ "Estudos sobre a histeria" (1895)
_____ "A interpretação dos sonhos" (1900)
_____ "Sobre psicoterapia" (1905)
_____ "O delírio e os sonhos na 'Gradiva', de W. Jensen" (1906)
_____ "As pulsões e suas vicissitudes" (1915)

GAY, Peter – "Sigmund Freud: um alemão e seus dissabores", in Souza, P. C. (org.) – *Sigmund Freud e o gabinete do Dr. Lacan*, São Paulo, Brasiliense, 1989

GREEN, André – "O duplo e o ausente", in *Sobre a loucura pessoal*, Rio de Janeiro, Imago, 1988
_____ "Transcrição da origem desconhecida. A escrita do psicanalista: crítica do testemunho", *Revista Brasileira de Psicanálise*, nº 1-2, São Paulo, 1992

HARRIES, Karsten – "A metáfora e a transcendência" e "O múltiplo uso da metáfora", in *Da metáfora*, São Paulo, Educ/Pontes, 1992

HEIDEGGER, Martin – *A origem da obra de arte* (1935), Lisboa, Edições 70, 1992
_____ "El habla" (1950) e "La palabra" (1958), in *De camino al habla*, Odós

HERRMANN, Fábio – *O divã a passeio*, São Paulo, Brasiliense, 1992

HOUZEL, Didier – "Interpretación: metáfora o analogia", *Psicoanálisis*, nº 1, Buenos Aires, 1993

KERMODE, Frank – "Freud e a interpretação", in *Um apetite pela poesia*, São Paulo, Edusp, 1993

KON, Noemi Moritz – *Freud e seu duplo: reflexões entre psicanálise e arte*, São Paulo, Edusp/Fapesp, 1996

LANGER, Susanne – *Filosofia em nova chave*, São Paulo, Perspectiva, 1989

LAPLANCHE, Jean – "Derivação das entidades psicanalíticas", in *Vida e morte em psicanálise*, Porto Alegre, Artes Médicas, 1995

LISPECTOR, Clarice – *Para não esquecer*, São Paulo, Ática, 1984
_____ *A descoberta do mundo*, Rio de Janeiro, Nova Fronteira, 1984

LOUREIRO, Inês – *A arte no pensamento de Freud: uma tentativa de sistematização da estética freudiana*, São Paulo, PUC-SP, dissertação de mestrado em Psicologia Clínica, 1994

MAHONY, Patrick – *Freud as a writer*, New Haven, Yale University Press, 1987
_____ *On defining Freud's discourse*, New Haven, Yale University Press, 1989

MAN, Paul de – "A epistemologia da metáfora", in Sacks, S. (org.) – *Da metáfora*, São Paulo, Educ/Pontes, 1992

MANNONI, Octave – "O divã de Procusto", in *Um espanto tão intenso: a vergonha, o riso, a morte*, Rio de Janeiro, Campus, 1992

MELSOHN, Isaias – "Notas críticas sobre o inconsciente. Sentido e significação. A função expressiva e a constituição do sentido", *Revista Ide*, nº 21, São Paulo, 1991

MENESES, Adélia Bezerra de – *Do poder da palavra: ensaios de literatura e psicanálise*, São Paulo, Duas Cidades, 1995

MEZAN, Renato – *Freud, pensador da cultura*, São Paulo, Brasiliense, 1985
_____ *Psicanálise, judaísmo: ressonâncias*, Campinas, Escuta, 1986
_____ "A querela das interpretações", in *A vingança da esfinge: ensaios de psicanálise*, São Paulo, Brasiliense, 1988
_____ "Cem anos de interpretação", in Slavutzky, A. (org.) – *História clínica e perspectiva nos cem anos de psicanálise*, Porto Alegre, Artes Médicas, 1996

MONZANI, Luis Roberto – "Proposições para uma epistemologia da psicanálise", *Revista Ide*, nº 14, São Paulo, 1987

Referências bibliográficas

NAFFAH, Alfredo – *O inconsciente como potência subversiva*, São Paulo, Escuta, 1991

PAZ, Octavio – *El arco y la lira*, México, Fondo de Cultura Economica, 1990

PESSANHA, José Américo Motta – "A vermelha flor azul", in Vital Brazil, H. – *Dois ensaios entre psicanálise e literatura*, Rio de Janeiro, Imago, 1992

RICOEUR, Paul – "O processo metafórico como cognição, imaginação e sentimento", in *Da metáfora*, São Paulo, Educ/Pontes, 1992

ROSENFELD, Helena Kon – "O estilo do escritor Sigmund Freud: um passeio por Totem e Tabu", *Percurso – Revista de Psicanálise*, nº 4, São Paulo, 1990

SCHNEIDER, Monique – *Afeto e linguagem nos primeiros escritos de Freud*, São Paulo, Escuta, 1994

_____ "Trauma e filiação em Freud e Ferenczi", *Percurso – Revista de Psicanálise*, nº 10, São Paulo, 1993

SOARES, Luiz Eduardo – "A paciência da metáfora", in *A interpretação – 2ª Colóquio UERJ*, Rio de Janeiro, Imago, 1990

SOUZA, Paulo César – "Freud como escritor", *Folha de S.Paulo*, suplemento Letras, 23/9/1989

SPENCE, Donald – *A metáfora freudiana: para uma mudança paradigmática na psicanálise*, Rio de Janeiro, Imago, 1992

TELLES, Vera Stela – *Metáfora, transferência: a constituição do campo psicanalítico*, São Paulo, USP, dissertação de mestrado apresentada ao Departamento de Filosofia, Letras e Ciências Humanas, 1979

UCHITEL, Myriam – *Além dos limites da interpretação: indagações sobre a técnica psicanalítica*, São Paulo, Casa do Psicólogo, 1997

VIDERMAN, Serge – *A construção do espaço analítico*, São Paulo, Escuta, 1990

WALDMAN, Berta – *Clarice Lispector: a paixão segundo C. L.*, São Paulo, Escuta, 1992

Impresso nas oficinas da
EDITORA PARMA LTDA.
Telefone: (011) 6412-7822
Av. Antonio Bardella, 280
Guarulhos - São Paulo - Brasil
Com filmes fornecidos pelo editor